DK

DK天才百科

硅谷工程师爸爸给孩子的每日知识

DK公司 憨爸 —— 联合
憨爸 胡斌
吴宇

人民邮电出版社
北京

图书在版编目（CIP）数据

DK天才百科 / 憨爸，胡斌，叶展行编. -- 北京 ：人民邮电出版社，2020.11(2020.12重印)
ISBN 978-7-115-55039-2

Ⅰ. ①D… Ⅱ. ①憨… ②胡… ③叶… Ⅲ. ①科学知识—儿童读物 Ⅳ. ①Z228.1

中国版本图书馆CIP数据核字(2020)第198203号

◆ 联合策划 DK 公司 憨 爸
◆ 编 憨 爸 胡 斌 叶展行
审 吴宝俊 罗 成
责任编辑 宁 茜
责任印制 彭志环
◆ 人民邮电出版社出版发行 北京市丰台区成寿寺路 11 号
邮编 100164 电子邮件 315@ptpress.com.cn
网址 https://www.ptpress.com.cn
深圳当纳利印刷有限公司印刷
◆ 开本：889×1194 1/48
印张：15.34 2020 年 11 月第 1 版
字数：647 千字 2020 年 12月广东第 2次印刷

定价：138.00 元

读者服务热线：(010)81055493 印装质量热线：(010)81055316
反盗版热线：(010)81055315
广告经营许可证：京东市监广登字 20170147 号

For the curious

www.dk.com

2021
年度计划

- [ ]
- [ ]
- [ ]
- [ ]
- [ ]
- [ ]
- [ ]
- [ ]

凡事预则立，不预则废。

——《礼记 · 中庸》

序言

Hello，我是憨爸，一位硅谷工程师爸爸，这本日历就是我和DK联合创作的《DK天才百科》！

在接下来的这一年 365 天的时间里，它将陪伴你们开心度过每一天。

贯穿这本日历始终的其实就是穿越历史长河的时间线，从远古时代到现代世界，从原始人类到智能机器人，从历史、文化到科学、艺术，应有尽有。丰富的百科内容能帮助孩子们建立超越时空的历史感和全球视野。

下面我介绍一下日历的使用方法。这本日历内容分两部分：周一至周六为百科知识，周日为思维训练。思维训练包含逻辑思维训练、空间思维训练、创造力训练等各种经典思维训练题。一年下来共有52道题，帮孩子在每个周末换换脑筋，启发思维！

我们为所有的思维训练题准备了答案（电子版），答案中会讲述每道题的解题思路和过程，如果孩子对思维训练中的问题有所疑惑的话，可以参考我们的答案，捋清思路。同时我们还制作了一份**英文版的答案**（电子版），英文字数不多，语法和句子也不复杂，但是可以训练孩子的英文阅读能力。

如果有爸爸妈妈希望借机提升孩子的英文阅读水平，可以**下载这份电子版的答案中文版和英文版**，再打印出来，让孩子将英文和中文内容对照着练习！

下载方法是：

扫描下方二维码，关注公众号，回复“日历”，就能得到下载链接了！

每天进步一点点，再小的目标也会变成最大的成功！

Friday | 01 January **2021**

2021年1月1日 | **星期五** | 元旦

生命起源

地球的发展历史可划分为太古代、元古代、古生代、中生代和新生代5个地质年代。地球上最早的生命形式起源于约35亿年前。

前寒武纪
46亿年前

寒武纪
5.7亿年前

前寒武纪 46亿年前

前寒武纪约占地球发展时长的80%。在这一时期，地球上的火山活动释放出大量水，简单生命体出现后又释放出了氧气。

Saturday | 02 January **2021**

2021年1月2日 | **星期六**

前寒武纪
46亿年前

寒武纪
5.7亿年前

寒武纪 5.7亿年前

这一时期发生了生命大爆发，进化出众多海洋生物，其中包括软体动物、海绵动物和节肢动物等，如马雷拉虫。

Sunday | 03 January **2021**

2021年1月3日 | **星期日**

周末思维训练

完美配对

测测你的空间想象力！观察右边分散的图形，哪两个图形能拼成最上面的六边形？

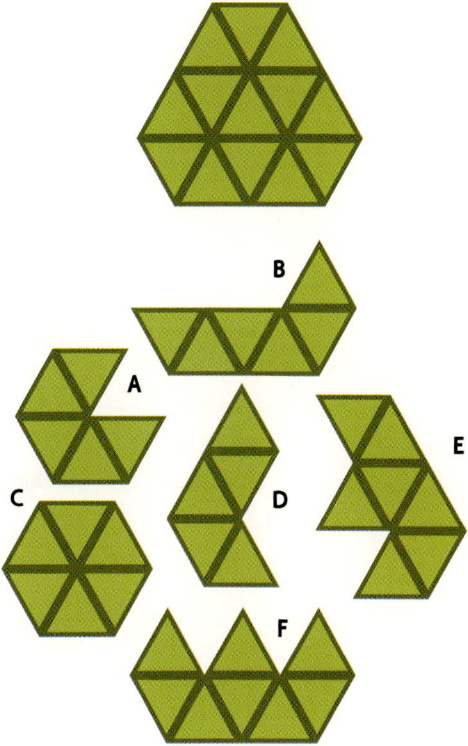
B
A
E
C
D
F

Monday | 04 January **2021**

2021年1月4日 | **星期一**

奥陶纪
5.1亿年前

志留纪
4.38亿年前

泥盆纪
4.1亿年前

石炭纪
3.55亿年前

二叠纪
2.9亿年前

三叠纪
2.5亿年前

奥陶纪 5.1亿年前

最早的鱼类出现，有鳞、无颌的星甲鱼就是其中之一。软体动物和珊瑚主宰了海洋。该时期终结于一次生物大灭绝。

Tuesday | 05 January **2021**

2021年1月5日 | **星期二** | 小寒

奥陶纪
5.1亿年前

志留纪
4.38亿年前

泥盆纪
4.1亿年前

石炭纪
3.55亿年前

二叠纪
2.9亿年前

三叠纪
2.5亿年前

志留纪 4.38亿年前

这一时期的陆地上生长着许多植物，如无叶的库克逊蕨。海洋里生活着种类繁多的鱼和棘皮动物。早期的节肢动物离开海洋，开始向陆地发展。

Wednesday | 06 January **2021**

2021年1月6日 | **星期三**

奥陶纪
5.1亿年前

志留纪
4.38亿年前

泥盆纪
4.1亿年前

石炭纪
3.55亿年前

二叠纪
2.9亿年前

三叠纪
2.5亿年前

泥盆纪 4.1亿年前

这一时期，鱼类进化出了许多新的种类，比如提克塔利克鱼，这是原始鱼类向两栖动物演化过程中的重要物种之一。

Thursday | 07 January **2021**

2021年1月7日 | **星期四**

奥陶纪
5.1亿年前

志留纪
4.38亿年前

泥盆纪
4.1亿年前

石炭纪
3.55亿年前

二叠纪
2.9亿年前

三叠纪
2.5亿年前

石炭纪 3.55亿年前

森林的出现使地球上的生命繁盛起来。齐椎蜥等爬行动物和蛇齿龙（见上图）等单孔亚纲动物（也称似哺乳类爬行动物，是哺乳动物的祖先）迅速演化。

Friday | 08 January **2021**

2021年1月8日 | **星期五**

奥陶纪
5.1亿年前

志留纪
4.38亿年前

泥盆纪
4.1亿年前

石炭纪
3.55亿年前

二叠纪
2.9亿年前

三叠纪
2.5亿年前

二叠纪 2.9亿年前

这一时期的气候炎热干燥，适合变温动物生存，比如始蜥龙。二叠纪末期，一场灾难性的生物大灭绝导致约70%的陆地生物和约96%的海洋生物灭绝。

Saturday | 09 January **2021**

2021年1月9日 | **星期六**

奥陶纪
5.1亿年前

志留纪
4.38亿年前

泥盆纪
4.1亿年前

石炭纪
3.55亿年前

二叠纪
2.9亿年前

三叠纪
2.5亿年前

三叠纪 2.5亿年前

二叠纪大灭绝事件促进了生物界的演化。在三叠纪，最早的哺乳动物、翼龙和板龙（见上图，一种植食性恐龙）出现。

Sunday | 10 January **2021**

2021年1月10日 | **星期日**

周末思维训练

接下来放哪朵花?

右边这些花看上去是随机排列的，但其实它们有特定的排列规律。你知道接下来应该依次排列的3朵花各是什么颜色吗?

2021年1月10日
JANUARY
农历十一月廿七

10

19 20 21 22 23 24 25 26 27 28 29 30 31

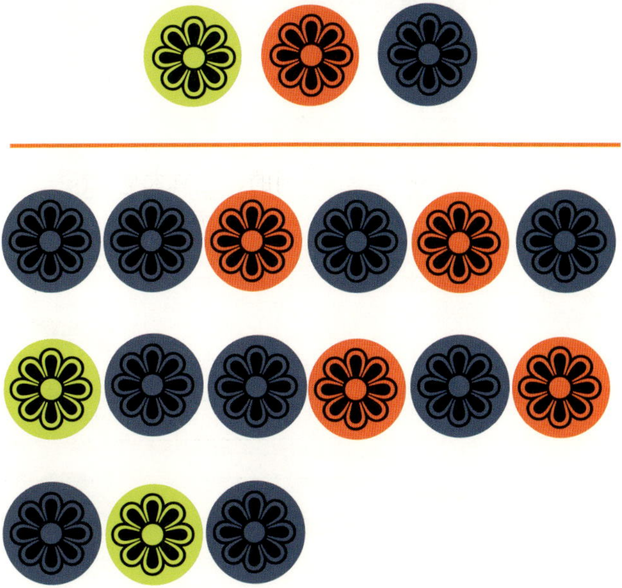

Monday | 11 January **2021**

2021年1月11日 | **星期一**

侏罗纪
2.05亿年前

白垩纪
1.35亿年前

白垩纪
1.35亿年前

古近纪
6500万年前

新近纪
2300万年前

第四纪
160万年前

侏罗纪 **2.05亿年前**

恐龙开始主宰陆地、海洋和天空，包含大型植食性恐龙（如剑龙，见上图）和凶猛的肉食性恐龙在内的各类恐龙遍布地球。

Tuesday | 12 January **2021**

2021年1月12日 | **星期二**

侏罗纪
2.05亿年前

白垩纪
1.35亿年前

白垩纪
1.35亿年前

古近纪
6500万年前

新近纪
2300万年前

第四纪
160万年前

2021年1月12日
JANUARY
农历十一月廿九

12

19 20 21 22 23 24 25 26 27 28 29 30 31

白垩纪 1.35亿年前

这一时期的大部分时间的气候是温暖的，但白垩纪晚期气候骤然变冷，古花这样的开花植物开始大面积出现。

Wednesday | 13 January **2021**

2021年1月13日 | **星期三**

侏罗纪
2.05亿年前

白垩纪
1.35亿年前

白垩纪
1.35亿年前

古近纪
6500万年前

新近纪
2300万年前

第四纪
160万年前

白垩纪 1.35亿年前

这一时期以生物大灭绝结束，包括恐龙在内的约75%的物种都灭绝了，如鲨齿龙。

Thursday | 14 January **2021**

2021年1月14日 | **星期四**

侏罗纪
2.05亿年前

白垩纪
1.35亿年前

白垩纪
1.35亿年前

古近纪
6500万年前

新近纪
2300万年前

第四纪
160万年前

古近纪 6500万年前

除了鸟类以外，所有恐龙都已灭绝，幸存下来的哺乳动物（如尤因它兽）开始迅速演化。大多数哺乳动物的主要类群是在这一时期开始繁衍演化的。

Friday | 15 January **2021**

2021年1月15日 | **星期五**

侏罗纪
2.05亿年前

白垩纪
1.35亿年前

白垩纪
1.35亿年前

古近纪
6500万年前

新近纪
2300万年前

第四纪
160万年前

新近纪 2300万年前

现代人类的祖先在这个时期出现。一些人们熟悉的哺乳动物（如袋鼠和长颈鹿）也出现了。虽然袋剑齿虎（见上图）看起来像大型猫科动物，但它实际上更接近现代的有袋类哺乳动物。

Saturday | 16 January **2021**

2021年1月16日 | **星期六**

侏罗纪
2.05亿年前

白垩纪
1.35亿年前

白垩纪
1.35亿年前

古近纪
6500万年前

新近纪
2300万年前

第四纪
160万年前

第四纪 160万年前

这一时期气候不断变化，冰期与间冰期交替出现。此时，现代人类（智人）在非洲东部出现，之后迁徙到世界各地。上图为猛犸。

Sunday | 17 January **2021**

2021年1月17日 | **星期日**

周末思维训练

火眼金睛

仔细观察右边的动物，不在图上做任何标记，看看你能不能找到只出现过一次的动物。想完成这个挑战，你必须观察并记住画面中成对的动物。

2021年1月17日
JANUARY
农历腊月初五

17

19 20 21 22 23 24 25 26 27 28 29 30 31

Monday | 18 January 2021

2021年1月18日 | 星期一

人类起源

几百万年前，人类的远祖——古猿开始直立行走，它们是地球上最早的人科动物。后来，这群古猿的身体适应了直立行走，脑容量不断增加。最后，他们演化成了智人。

南方古猿
390万年前

能人
220万年前

直立人
180万年前

海德堡人
60万年前

尼安德特人
43万年前

智人
30万年前

南方古猿 **390万年前**

东非草原上分布着不同种类的古猿。最著名的是南方古猿露西，她生活在约320万年前，她的头骨化石于1974年在埃塞俄比亚被发现。

Tuesday | 19 January **2021**

2021年1月19日 | **星期二**

南方古猿
390万年前

能人
220万年前

直立人
180万年前

海德堡人
60万年前

尼安德特人
43万年前

智人
30万年前

能人 **220万年前**

继330万年前南方古猿首次使用石器之后，遍布东非和南非的能人也开始制作和使用石具，比如用打碎的鹅卵石制作简单的劈砍工具。

Wednesday | 20 January **2021**

2021年1月20日 | **星期三** | 大寒

南方古猿
390万年前

能人
220万年前

直立人
180万年前

海德堡人
60万年前

尼安德特人
43万年前

智人
30万年前

直立人 180万年前

直立人起源于非洲，是第一个与现代智人身形相似的古人类人种。在进化过程中，他们发明了一种新的石具——阿舍利手斧。

Thursday | 21 January **2021**

2021年1月21日 | **星期四**

南方古猿
390万年前

能人
220万年前

直立人
180万年前

海德堡人
60万年前

尼安德特人
43万年前

智人
30万年前

海德堡人 60万年前

海德堡人最早出现在非洲，后来迁移到西亚和欧洲。他们是第一批建造住所并使用木制长矛捕猎的古人类。上图为带刺的鱼叉。

Friday | 22 January **2021**

2021年1月22日 | **星期五**

南方古猿
390万年前

能人
220万年前

直立人
180万年前

海德堡人
60万年前

尼安德特人
43万年前

智人
30万年前

尼安德特人 43万年前

尼安德特人是现代欧洲人祖先的近亲，生活在亚洲和欧洲，尼安德特人是历史上已知的第一批在洞穴中埋葬死者并献上祭品的古人类。

Saturday | 23 January **2021**

2021年1月23日 | **星期六**

南方古猿
390万年前

能人
220万年前

直立人
180万年前

海德堡人
60万年前

尼安德特人
43万年前

智人
30万年前

智人 30万年前

智人起源于非洲，与尼安德特人有着相似的脑容量。他们会用动物的皮毛制作衣服，这样他们就可以迁徙到更寒冷的地方。他们还会制造狩猎工具，如用驯鹿的鹿角制作带刺的长矛。

Sunday | 24 January **2021**

2021年1月24日 | **星期日**

周末思维训练

测量

如果给你一个5升的壶和一个3升的壶，以及不限量的水。你能利用它们精确地测量出4升水吗？该怎么操作呢？

提示：水是不限量的，所以在测量过程中可以根据测量需要保留或倒掉已测量过的水。

2021年1月24日
JANUARY
农历腊月十二

24

19 20 21 22 23 24 25 26 27 28 29 30 31

Monday | 25 January **2021**

2021年1月25日 | **星期一**

人类文明起源

美索不达米亚意为“两河之间的土地”，两河是指底格里斯河和幼发拉底河。5000多年前，世界上第一座城市在这里建成。

人类文明起源
公元前7000年

楔形文字
公元前3300年

阿卡德人
公元前2334年

齐格拉特神塔
公元前2100年

乌尔王陵
约公元前
2500—
公元前2000年

亚述人
公元前1300—
公元前1200年

人类文明起源 公元前7000年

当狩猎采集者开始种植庄稼时，他们会定居下来，并制造农业工具。他们逐渐建立起村庄和集镇，最终建立起城市。上图为犁。

Tuesday | 26 January **2021**

2021年1月26日 | **星期二**

人类文明起源
公元前7000年

楔形文字
公元前3300年

阿卡德人
公元前2334年

齐格拉特神塔
公元前2100年

乌尔王陵
约公元前
2500—
公元前2000年

亚述人
公元前1300—
公元前1200年

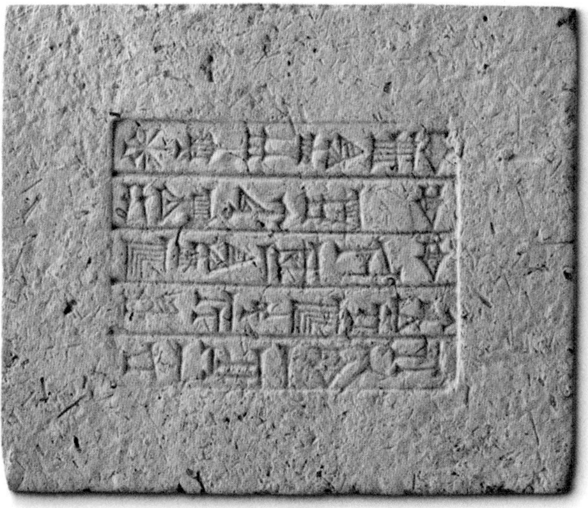

楔形文字 公元前3300年

美索不达米亚的苏美尔人发明了楔形文字，这种文字多用削尖的芦苇秆或木棍在软泥板上刻写而成。

Wednesday | 27 January **2021**

2021年1月27日 | **星期三**

人类文明起源
公元前7000年

楔形文字
公元前3300年

阿卡德人
公元前2334年

齐格拉特神塔
公元前2100年

乌尔王陵
约公元前
2500—
公元前2000年

亚述人
公元前1300—
公元前1200年

阿卡德人 公元前2334年

阿卡德国王萨尔贡一世征服了整个苏美尔地区，建立了世界上第一个帝国。阿卡德语逐渐取代了阿卡德人最初使用的苏美尔语。上图为苏美尔地区的牧师。

Thursday | 28 January **2021**

2021年1月28日 | **星期四**

人类文明起源
公元前7000年

楔形文字
公元前3300年

阿卡德人
公元前2334年

齐格拉特神塔
公元前2100年

乌尔王陵
约公元前
2500—
公元前2000年

亚述人
公元前1300—
公元前1200年

齐格拉特神塔 公元前2100年

第一批金字塔被建在乌尔、埃利都、尼普尔和乌鲁克。这些大型石制建筑被当作宗教的礼拜场所。

Friday | 29 January **2021**

2021年1月29日 | **星期五**

人类文明起源
公元前7000年

楔形文字
公元前3300年

阿卡德人
公元前2334年

齐格拉特神塔
公元前2100年

乌尔王陵
约公元前
2500—
公元前2000年

亚述人
公元前1300—
公元前1200年

乌尔王陵 约公元前2500—公元前2000年

乌尔国王和王后的陵墓里埋着由金、银、青金石和玛瑙制成的珠宝，以及殉葬的仆人。

Saturday | 30 January **2021**

2021年1月30日 | **星期六**

人类文明起源
公元前7000年

楔形文字
公元前3300年

阿卡德人
公元前2334年

齐格拉特神塔
公元前2100年

乌尔王陵
约公元前2500—公元前2000年

亚述人
公元前1300—公元前1200年

亚述人 公元前1300—公元前1200年

美索不达米亚北部的亚述人建立了一个从埃及延伸到波斯西部的帝国。阿拉米语是亚述人的语言，也是整个西亚地区的标准语言。

Sunday | 31 January **2021**

2021年1月31日 | **星期日**

周末思维训练

残缺的拼图

拼图游戏能训练你的识别能力。要想完成拼图，你需要研究拼图的图案和形状，并弄清楚这些小拼图块是怎样拼成一幅完整的图画的。右边展示的这个拼图缺了4块，你能把它们找出来吗?

2021年1月31日

JANUARY

农历腊月十九

31

19 20 21 22 23 24 25 26 27 28 29 30 31

Monday | 01 February **2021**

2021年2月1日 | **星期一**

古埃及

约公元前3000年，古埃及人建立了世界上首个大一统国家。国王被称为法老，自称是太阳神之子。此后的3000年，古埃及人都穿着款式相似的白色亚麻短袍，说着同样的语言。受尼罗河洪水期的影响，他们的劳作周期十分规律。

古王国时期
公元前2686—约公元前2160年

第一中间时期
约公元前2160—公元前2055年

中王国时期
公元前2055—公元前1650年

新王国时期
公元前1550—公元前1069年

后王国时期
公元前664—公元前332年

托勒密王朝时期
公元前332—公元前30年

古王国时期 公元前2686—约公元前2160年

胡夫金字塔是世界上最大的金字塔。在当时，整个国家的人都参与了这个工程，他们有的运输石头，有的为劳动力提供粮食。

Tuesday | 02 February **2021**

2021年2月2日 | **星期二**

古王国时期
公元前2686—
约公元前2160年

第一中间时期
约公元前2160—
公元前2055年

中王国时期
公元前2055—
公元前1650年

新王国时期
公元前1550—
公元前1069年

后王国时期
公元前664—
公元前332年

托勒密王朝时期
公元前332—
公元前30年

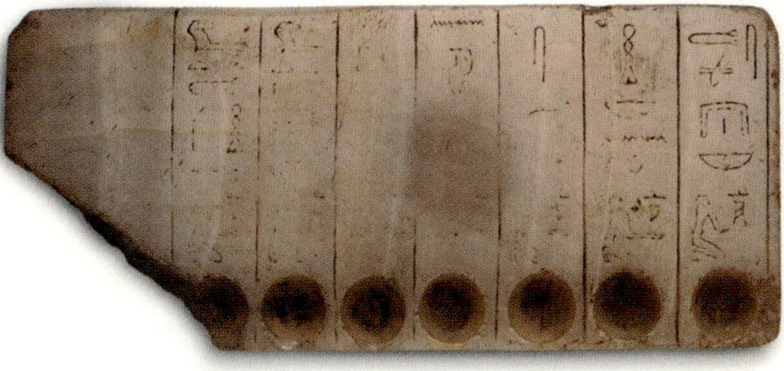

第一中间时期 约公元前2160—公元前2055年

在经历了政治纷争和旱灾后，古王国灭亡，在这之后古埃及进入动荡的第一中间时期。在此期间，由于王权逐渐衰落，几乎没有开展大型的建筑工程。

Wednesday | 03 February **2021**

2021年2月3日 | **星期三** | 立春

古王国时期
公元前2686—
约公元前2160年

第一中间时期
约公元前2160—
公元前2055年

中王国时期
公元前2055—
公元前1650年

新王国时期
公元前1550—
公元前1069年

后王国时期
公元前664—
公元前332年

托勒密王朝时期
公元前332—
公元前30年

中王国时期 公元前2055—公元前1650年

法老孟图霍特普二世统一了古埃及，成为中王国时期的首位君主。这一时期因艺术和文学方面的辉煌成就而被人们铭记，这些成就为后人研究古埃及人的日常生活提供了重要线索。

Thursday | 04 February **2021**

2021年2月4日 | **星期四**

古王国时期
公元前2686—
约公元前2160年

第一中间时期
约公元前2160—
公元前2055年

中王国时期
公元前2055—
公元前1650年

新王国时期
公元前1550—
公元前1069年

后王国时期
公元前664—
公元前332年

托勒密王朝时期
公元前332—
公元前30年

新王国时期 公元前1550—公元前1069年

底比斯的统治者雅赫摩斯驱逐了希克索斯人，重新统一了埃及，建立了新王国。法老死后不再被埋葬在金字塔里，而是被埋葬在底比斯以西的沙漠里隐藏的帝王谷中。当底比斯成为全埃及的都城后，底比斯的主神阿蒙成为古埃及新王国时期的国神和新太阳神（后来，阿蒙和拉融合为阿蒙拉）。

Friday | 05 February **2021**

2021年2月5日 | **星期五**

古王国时期
公元前2686—
约公元前2160年

第一中间时期
约公元前2160—
公元前2055年

中王国时期
公元前2055—
公元前1650年

新王国时期
公元前1550—
公元前1069年

后王国时期
公元前664—
公元前332年

托勒密王朝时期
公元前332—
公元前30年

后王国时期 公元前664—公元前332年

后王国时期，古埃及被各方外国势力入侵。第一批入侵者是努比亚人，接着是亚述人和波斯人。最后，在公元前332年，马其顿国王亚历山大大帝征服了这里。这一时期古埃及人修建了大量神庙，无数动物被制成木乃伊。

Saturday | 06 February **2021**

2021年2月6日 | **星期六**

古王国时期
公元前2686—
约公元前2160年

第一中间时期
约公元前2160—
公元前2055年

中王国时期
公元前2055—
公元前1650年

新王国时期
公元前1550—
公元前1069年

后王国时期
公元前664—
公元前332年

托勒密王朝时期
公元前332—
公元前30年

托勒密王朝时期 公元前332—公元前30年

托勒密王朝所有的男性统治者都叫托勒密。亚历山大港是当时埃及的首都，由亚历山大大帝在地中海沿岸建立。托勒密王朝的最后一任统治者是克利奥佩特拉女王（见上图）。古埃及最终被罗马人征服，托勒密王朝的统治由此结束。

Sunday | 07 February 2021

2021年2月7日 | 星期日

周末思维训练

人群中的音乐家

我们观察得越仔细，就越容易发现事物之间的差异。你能在右图下方的人群中找到最上面的两位音乐家吗？

Monday | 08 February **2021**

2021年2月8日 | **星期一**

古希腊

欧洲第一个伟大的文明就是古希腊文明。在古希腊文化的鼎盛时期(公元前800—公元前300年),古希腊人不仅在政治领域建立了影响深远的民主制度,在哲学、科学、文学和戏剧等领域也成绩斐然,为后世留下了宝贵的文化遗产。

米诺斯文明
公元前2500—公元前1600年

迈锡尼文明
公元前1600—公元前1200年

黑暗时代
公元前1200—公元前800年

古希腊大殖民
公元前800—公元前500年

帕特农神庙
公元前500—公元前323年

亚历山大大帝
公元前356—公元前323年

米诺斯文明 公元前2500—公元前1600年

米诺斯人在克里特岛建造了房屋和大型宫殿，并沿地中海东岸开设了不少贸易据点。公牛是克里特岛的圣物。上图为克诺索斯王宫。

Tuesday | 09 February **2021**

2021年2月9日 | **星期二**

米诺斯文明
公元前2500—
公元前1600年

迈锡尼文明
公元前1600—
公元前1200年

黑暗时代
公元前1200—
公元前800年

古希腊大殖民
公元前800—
公元前500年

帕特农神庙
公元前500—
公元前323年

亚历山大大帝
公元前356—
公元前323年

迈锡尼文明 公元前1600—公元前1200年

迈锡尼人在迈锡尼、底比斯和雅典等地建造了雄伟的宫殿。他们十分好战，通常身穿青铜盔甲，头戴头盔，驾驶战车作战。上图为迈锡尼宫殿。

Wednesday | 10 February **2021**

2021年2月10日 | **星期三**

米诺斯文明
公元前2500—
公元前1600年

迈锡尼文明
公元前1600—
公元前1200年

黑暗时代
公元前1200—
公元前800年

古希腊大殖民
公元前800—
公元前500年

帕特农神庙
公元前500—
公元前323年

亚历山大大帝
公元前356—
公元前323年

黑暗时代 公元前1200—公元前800年

约公元前1200年，迈锡尼文明走向衰落，希腊进入黑暗时代。据《荷马史诗》记载，公元前1184年，希腊联军在一场持续了十多年的战争中攻破了特洛伊城。

Thursday | 11 February **2021**

2021年2月11日 | **星期四** | 除夕

米诺斯文明
公元前2500—
公元前1600年

迈锡尼文明
公元前1600—
公元前1200年

黑暗时代
公元前1200—
公元前800年

古希腊大殖民
公元前800—
公元前500年

帕特农神庙
公元前500—
公元前323年

亚历山大大帝
公元前356—
公元前323年

古希腊大殖民 公元前800—公元前500年

古希腊人在地中海和黑海附近建立了海外殖民地。这些殖民地包括今天的西班牙安普里亚斯、意大利那不勒斯、法国马赛，还有西西里岛的锡拉丘兹、埃及的瑙克拉提斯、利比亚的昔兰尼和乌克兰的奥尔比亚（现名为尤日内）。上图为希腊3层划桨战船。

Friday | 12 February **2021**

2021年2月12日 | **星期五** | 春节

米诺斯文明
公元前2500—
公元前1600年

迈锡尼文明
公元前1600—
公元前1200年

黑暗时代
公元前1200—
公元前800年

古希腊大殖民
公元前800—
公元前500年

帕特农神庙
公元前500—
公元前323年

亚历山大大帝
公元前356—
公元前323年

帕特农神庙 公元前500—公元前323年

雅典卫城是希腊最杰出的古建筑群，雅典人在这里重建了神庙。帕特农神庙也建在这里，它是卫城最重要的建筑，供奉着雅典娜女神。

Saturday | 13 February **2021**

2021年2月13日 | **星期六**

米诺斯文明
公元前2500—
公元前1600年

迈锡尼文明
公元前1600—
公元前1200年

黑暗时代
公元前1200—
公元前800年

古希腊大殖民
公元前800—
公元前500年

帕特农神庙
公元前500—
公元前323年

亚历山大大帝
公元前356—
公元前323年

亚历山大大帝 公元前356—公元前323年

马其顿国王亚历山大大帝统治下的希腊征服了波斯帝国。一个新的时代开始，希腊城邦建立起来。

Sunday | 14 February **2021**

2021年2月14日 | **星期日** | 情人节

周末思维训练

消失的1元钱

星期日早上，3个男孩来到游乐场。售票员告知他们门票是每人10元，他们总共支付了30元。后来，售票员意识到星期日有优惠活动，男孩们只需支付25元。于是，售票员让助理把5元归还给孩子们。可是助理不知道该如何把5元分给3个人，所以他自己留了2元，然后给了3个男孩每人1元。也就是说，这3个男孩现在每人花了9元（总共27元）购买门票。孩子们的钱加上助理自留的钱总共为29元。那么，剩下的1元钱去哪了？

2021年2月14日
FEBRUARY
农历正月初三

14

16 17 18 19 20 21 22 23 24 25 26 27 28

Monday | 15 February **2021**

2021年2月15日 | **星期一**

罗马帝国

古罗马人创造了历史上规模最大、组织最严密的帝国之一。罗马帝国鼎盛时期的疆域，东西横跨4000千米，南北纵贯3700千米，囊括了整个地中海地区。到公元1世纪，罗马已经成为一座人口超百万的大城市。

罗马建立
公元前753年

第一次布匿战争
公元前264—公元前241年

第二次布匿战争
公元前218—公元前201年

罗马共和国的独裁官
公元前46年

弗拉维王朝
公元69—96年

罗马之劫
公元410年

罗马建立 公元前753年

传说罗马由一对孪生兄弟罗穆卢斯和雷穆斯在公元前8世纪建立，他们是战神玛尔斯的儿子，由母狼哺育长大。但事实上，罗马城起源于公元前10世纪已有人居住的帕拉蒂尼山（罗马7座山丘中位于中央的一座）。

Tuesday | 16 February **2021**

2021年2月16日 | **星期二**

罗马建立
公元前753年

第一次布匿战争
公元前264—
公元前241年

第二次布匿战争
公元前218—
公元前201年

罗马共和国的
独裁官
公元前46年

弗拉维王朝
公元69—96年

罗马之劫
公元410年

第一次布匿战争 公元前264—公元前241年

为争夺地中海沿岸霸权，古罗马和北非的迦太基帝国共发生了3次战争。第一次布匿战争主要是在地中海上的海战，以迦太基战败告终。上图为迦太基士兵。

Wednesday | 17 February **2021**

2021年2月17日 | **星期三**

罗马建立
公元前753年

第一次布匿战争
公元前264—
公元前241年

第二次布匿战争
公元前218—
公元前201年

罗马共和国的
独裁官
公元前46年

弗拉维王朝
公元69—96年

罗马之劫
公元410年

第二次布匿战争 公元前218—公元前201年

迦太基主帅汉尼拔（见上图）率军队（包括战象）翻越阿尔卑斯山，入侵罗马。在主要战役坎尼会战中，汉尼拔包围并摧毁了一支由8万罗马士兵组成的军队。

Thursday | 18 February **2021**

2021年2月18日 | **星期四** | 雨水

罗马建立
公元前753年

第一次布匿战争
公元前264—
公元前241年

第二次布匿战争
公元前218—
公元前201年

罗马共和国的
独裁官
公元前46年

弗拉维王朝
公元69—96年

罗马之劫
公元410年

罗马共和国的独裁官 公元前46年

盖乌斯·尤利乌斯·恺撒战胜对手庞培后，任命自己为罗马的终身独裁官。他的独裁与成功激怒了一些元老院议员，在公元前44年，恺撒被刺杀身亡。

Friday | 19 February **2021**

2021年2月19日 | **星期五**

罗马建立
公元前753年

第一次布匿战争
公元前264—
公元前241年

第二次布匿战争
公元前218—
公元前201年

罗马共和国的
独裁官
公元前46年

弗拉维王朝
公元69—96年

罗马之劫
公元410年

弗拉维王朝 公元69—96年

韦帕芗在罗马皇帝尼禄死后的内战中夺得皇位，建立了弗拉维王朝。他在位期间着手修建弗拉维圆形剧场（现称为角斗场），这座建筑最终在他的儿子提图斯继位后建成。

Saturday | 20 February **2021**

2021年2月20日 | **星期六**

罗马建立
公元前753年

第一次布匿战争
公元前264—
公元前241年

第二次布匿战争
公元前218—
公元前201年

罗马共和国的
独裁官
公元前46年

弗拉维王朝
公元69—96年

罗马之劫
公元410年

罗马之劫 公元410年

日耳曼部落的西哥特人（见上图）在阿拉里克一世的领导下攻陷了罗马城。这标志着西罗马帝国开始衰落。

Sunday | 21 February **2021**

2021年2月21日 | **星期日**

周末思维训练

真假硬币

给你9枚一元硬币和一个天平。其中有一枚假硬币，假硬币比真硬币重。想一想，该如何只通过两次称重找出那枚假硬币呢?

Monday | 22 February **2021**

2021年2月22日 | **星期一**

美洲帝国

几千年前，印第安人和因纽特人从西伯利亚穿过白令海峡上的冰桥到达美洲，并在美洲创造了辉煌的文明。这些伟大的帝国最终都被欧洲殖民者毁灭。

奥尔梅克人
公元前900—公元前300年

玛雅人
公元前350年

托尔特克人
约公元900—1000年

阿兹特克帝国
1325年

印加帝国
1438年

西班牙殖民者
1519—1531年

奥尔梅克人 公元前900—公元前300年

奥尔梅克人生活在墨西哥东海岸，他们是技艺精湛的建筑家和雕刻家。奥尔梅克辉煌的艺术成就影响了后来的玛雅、阿兹特克帝国和印加帝国。上图为翡翠面具。

Tuesday | 23 February **2021**

2021年2月23日 | **星期二**

奥尔梅克人
公元前900—
公元前300年

玛雅人
公元前350年

托尔特克人
约公元900—
1000年

阿兹特克帝国
1325年

印加帝国
1438年

西班牙殖民者
1519—1531年

玛雅人 公元前350年

玛雅人在其鼎盛时期兴建庙宇、扩张城邦。今危地马拉的蒂卡尔是玛雅当时最大的城邦所在地，人口达10万。其他主要的玛雅城邦包括奇琴伊察和乌斯马尔。到公元800年，很多玛雅城邦由于旱灾逐渐被废弃。上图为蒂卡尔神庙。

Wednesday | 24 February **2021**

2021年2月24日 | **星期三**

奥尔梅克人
公元前900—
公元前300年

玛雅人
公元前350年

托尔特克人
约公元900—
1000年

阿兹特克帝国
1325年

印加帝国
1438年

西班牙殖民者
1519—1531年

托尔特克人 约公元900—1000年

来自今墨西哥北部的托尔特克人占领了玛雅的主要城邦奇琴伊察，并统治其两个世纪。上图为托尔特克人的陶器。

Thursday | 25 February **2021**

2021年2月25日 | **星期四**

奥尔梅克人
公元前900—
公元前300年

玛雅人
公元前350年

托尔特克人
约公元900—
1000年

阿兹特克帝国
1325年

印加帝国
1438年

西班牙殖民者
1519—1531年

阿兹特克帝国 1325年

传说，阿兹特克人得到了神的指示：如果在某地见到一只鹰站在仙人掌上啄食蛇，他们就可在此定居。他们在今墨西哥特斯科科湖的岛上建立了首都特诺奇提特兰。

Friday | 26 February **2021**

2021年2月26日 | **星期五** | 元宵节

奥尔梅克人
公元前900—
公元前300年

玛雅人
公元前350年

托尔特克人
约公元900—
1000年

阿兹特克帝国
1325年

印加帝国
1438年

西班牙殖民者
1519—1531年

印加帝国 1438年

印加帝国的君主帕查库特克将帝国版图从今天的厄瓜多尔延伸到智利。印加城市马丘比丘（见上图）建立在安第斯山脉的高处，直到1911年才被发现。

Saturday | 27 February **2021**

2021年2月27日 | **星期六**

奥尔梅克人
公元前900—
公元前300年

玛雅人
公元前350年

托尔特克人
约公元900—
1000年

阿兹特克帝国
1325年

印加帝国
1438年

西班牙殖民者
1519—1531年

西班牙殖民者 1519—1531年

16世纪，西班牙人到达美洲，终结了阿兹特克帝国和印加帝国。埃尔南·科尔特斯攻占了阿兹特克帝国，弗朗西斯科·皮萨罗占领了印加帝国。在贪婪的驱使下，西班牙人漠视当地土著，很快就摧毁了这两个文明。

Sunday | 28 February **2021**

2021年2月28日 | **星期日**

周末思维训练

隐藏的三角形

数一数，右图中隐藏了多少个三角形?

2021年2月28日
FEBRUARY
农 历 正 月 十 七

28

16 17 18 19 20 21 22 23 24 25 26 27 28

Monday | 01 March **2021**

2021年3月1日 | **星期一**

莫卧儿帝国

莫卧儿帝国的创建者巴布尔来自中亚，他声称自己是成吉思汗和帖木儿大帝的后裔。莫卧儿帝国国力强盛，版图辽阔，延续了300多年。

巴布尔
1526年

胡马雍陵
1530—1556年

阿克巴大帝
1556—1605年

泰姬陵
1632年

奥朗则布
1658—1707年

最后的莫卧儿皇帝
1857年

巴布尔 1526年

巴布尔在波斯语中是“老虎”的意思。巴布尔著有《巴布尔回忆录》，这本回忆录体现了巴布尔对诗歌、文化、自然、历史和园林的热爱。

Tuesday | 02 March **2021**

2021年3月2日 | **星期二**

巴布尔
1526年

胡马雍陵
1530—1556年

阿克巴大帝
1556—1605年

泰姬陵
1632年

奥朗则布
1658—1707年

最后的莫卧儿皇帝
1857年

胡马雍陵 1530—1556年（在位时间）

胡马雍是莫卧儿帝国第一任皇帝巴布尔之子，于1556年死于意外。胡马雍陵是莫卧儿建筑风格发展的里程碑，陵体呈方形，主体建筑由红色砂岩构筑，顶部呈半圆形。

Wednesday | 03 March **2021**

2021年3月3日 | **星期三**

巴布尔
1526年

胡马雍陵
1530—1556年

阿克巴大帝
1556—1605年

泰姬陵
1632年

奥朗则布
1658—1707年

最后的莫卧儿
皇帝
1857年

阿克巴大帝 1556—1605年（在位时间）

阿克巴将《巴布尔回忆录》翻译成莫卧儿帝国通用的语言。此外，他还下令修建画院，聘请波斯的绘画大师来讲学，促使莫卧儿画派诞生。在他的统治下，莫卧儿帝国的文化和艺术达到顶峰。上图为阿克巴和他的新娘。

Thursday | 04 March **2021**

2021年3月4日 | **星期四**

巴布尔
1526年

胡马雍陵
1530—1556年

阿克巴大帝
1556—1605年

泰姬陵
1632年

奥朗则布
1658—1707年

最后的莫卧儿皇帝
1857年

泰姬陵 1632年

沙·贾汗是莫卧儿帝国的第五代皇帝，他为纪念爱妻穆塔兹·马哈尔，耗时20多年修建了泰姬陵。人们认为泰姬陵代表了莫卧儿帝国建筑成就的巅峰。

Friday | 05 March **2021**

2021年3月5日 | **星期五** | 惊蛰

巴布尔
1526年

胡马雍陵
1530—1556年

阿克巴大帝
1556—1605年

泰姬陵
1632年

奥朗则布
1658—1707年

最后的莫卧儿皇帝
1857年

奥朗则布 1658—1707年（在位时间）

奥朗则布自幼受到良好的宫廷教育，学识渊博。他在统治期间，只修建了为数不多的建筑，而且在建造它们时，奥朗则布摒弃奢华的装饰，选择使用低廉的材料、简单的工艺。上图为奥朗则布时期建造的清真寺。

Saturday | 06 March **2021**

2021年3月6日 | **星期六**

巴布尔
1526年

胡马雍陵
1530—1556年

阿克巴大帝
1556—1605年

泰姬陵
1632年

奥朗则布
1658—1707年

最后的莫卧儿皇帝
1857年

最后的莫卧儿皇帝 1857年

17世纪初，英国通过东印度公司进行殖民扩张，在印度建立了殖民据点，巴哈杜尔·沙二世反抗英国殖民者失败后被杀，成了莫卧儿帝国的最后一位皇帝。

Sunday | 07 March **2021**

2021年3月7日 | **星期日**

周末思维训练

乱糟糟的箭头

看见右图中那堆乱糟糟的箭头了吗？请问按什么顺序拿取箭头才能既不碰乱其他箭头，又能顺利将它们一一拿起呢？这道题没有任何诀窍，全凭观察。拿箭头前注意查看它和其他箭头的位置关系哦！

2021年3月7日
MARCH
农历正月廿四

07

19 20 21 22 23 24 25 26 27 28 29 30 31

Monday | 08 March **2021**

2021年3月8日 | **星期一** | 妇女节

日本幕府时期

日本幕府时期的好战武士层出不穷，家族争斗激烈。他们不断争夺财富和权力。这一时期，日本的艺术和文化也繁荣发展。

第一个幕府
1185年

镰仓幕府
1192年

打刀
约1400年

江户幕府
1603年

歌舞伎
约1603年

闭关锁国
1635年

2021年3月8日
M A R C H
农历正月廿五

08

19 20 21 22 23 24 25 26 27 28 29 30 31

第一个幕府 1185年

在坛之浦之战中，源氏家族彻底击败了平氏家族。源赖朝成为首任幕府将军，日本天皇沦为没有实权的傀儡。上图为描绘坛之浦之战的木刻版画。

Tuesday | 09 March **2021**

2021年3月9日 | **星期二**

第一个幕府
1185年

镰仓幕府
1192年

打刀
约1400年

江户幕府
1603年

歌舞伎
约1603年

闭关锁国
1635年

镰仓幕府 1192年

源赖朝受封为征夷大将军，设幕府于镰仓，这标志着日本由中央贵族掌握实际统治权的时代结束了，开启了一个新时代。武士阶层成为日本政治、经济和社会的主导力量。上图为武士盔甲。

Wednesday | 10 March **2021**

2021年3月10日 | **星期三**

第一个幕府
1185年

镰仓幕府
1192年

打刀
约1400年

江户幕府
1603年

歌舞伎
约1603年

闭关锁国
1635年

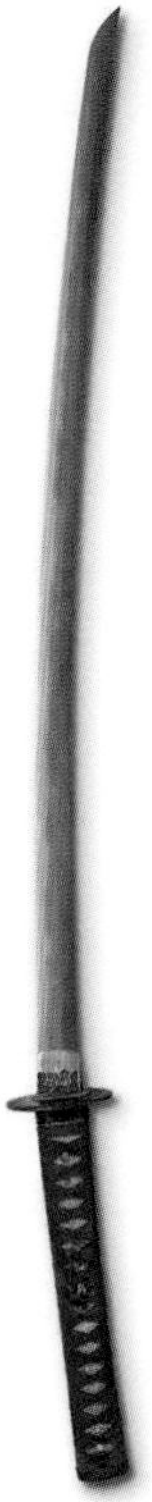

打刀 约1400年

打刀是一种长而弯曲的双手刀，在日本的武士阶层非常流行。传统上，武士会以边锋朝上的方式佩带打刀，这样便于快速抽出使用。

Thursday | 11 March **2021**

2021年3月11日 | **星期四**

第一个幕府
1185年

镰仓幕府
1192年

打刀
约1400年

江户幕府
1603年

歌舞伎
约1603年

闭关锁国
1635年

江户幕府 1603年

幕府将军德川家康在江户（今东京）开设幕府，使这里成为日本的实权中心。上图为江户木版画。

Friday | 12 March **2021**

2021年3月12日 | **星期五** | 植树节

第一个幕府
1185年

镰仓幕府
1192年

打刀
约1400年

江户幕府
1603年

歌舞伎
约1603年

闭关锁国
1635年

歌舞伎 约1603年

传说日本舞蹈家出云阿国创造了一种新的艺术形式，结合了戏剧、舞蹈和喜剧，叫作歌舞伎。在早期的歌舞伎表演中，演员多为女性。

Saturday | 13 March **2021**

2021年3月13日 | **星期六**

第一个幕府
1185年

镰仓幕府
1192年

打刀
约1400年

江户幕府
1603年

歌舞伎
约1603年

闭关锁国
1635年

闭关锁国 1635年

日本关闭了所有与西方国家进行贸易往来的港口，仅允许与荷兰进行贸易合作。日本人被禁止出国。这项禁令一直持续到1853年才被废除。

Sunday | 14 March 2021

2021年3月14日 | 星期日

周末思维训练

这是一个怎样的圆?

右图中，前轮内部的棕色圆圈是正圆吗?

2021年3月14日
M A R C H
农历二月初二

14

19 20 21 22 23 24 25 26 27 28 29 30 31

Monday | 15 March **2021**

2021年3月15日 | **星期一**

中国古代的王朝

中华文明是世界上最古老的文明之一。中国的封建王朝历史悠久，从公元前221年持续到1912年。

商朝
约公元前1600—公元前1046年

周朝
公元前1046—公元前256年

秦朝
公元前221—公元前207年

唐朝
公元618—907年

宋朝
公元960—1279年

明朝
1368—1644年

商朝 约公元前1600—公元前1046年

商朝是中国历史上的第二个朝代。此时期，工匠们开始大规模制造青铜器，如青铜酒樽。

Tuesday | 16 March **2021**

2021年3月16日 | **星期二**

商朝
约公元前1600—
公元前1046年

周朝
公元前1046—
公元前256年

秦朝
公元前221—
公元前207年

唐朝
公元618—
907年

宋朝
公元960—
1279年

明朝
1368—1644年

周朝 公元前1046—公元前256年

封建制度开始出现，井田制的推行使地主与农民的对立关系出现。人们把大米储存在陶罐（见上图）或青铜壶里，便于随时取用。公元前771年，犬戎攻破都城镐京（今陕西省西安市），周幽王被杀，西周灭亡。

Wednesday | 17 March **2021**

2021年3月17日 | **星期三**

商朝
约公元前1600—
公元前1046年

周朝
公元前1046—
公元前256年

秦朝
公元前221—
公元前207年

唐朝
公元618—
907年

宋朝
公元960—
1279年

明朝
1368—1644年

秦朝 **公元前221—公元前207年**

秦始皇派蒙恬北击匈奴，后修筑“西起临洮，东止辽东，蜿蜒一万余里”的长城，自此时起，始有万里长城之称。

Thursday | 18 March **2021**

2021年3月18日 | **星期四**

商朝
约公元前1600—
公元前1046年

周朝
公元前1046—
公元前256年

秦朝
公元前221—
公元前207年

唐朝
公元618—
907年

宋朝
公元960—
1279年

明朝
1368—1644年

唐朝 公元618—907年

唐朝是中国古代经济、文化发展的黄金时期。这一时期的中国疆域辽阔、国力强盛、经济繁荣、文化灿烂，是当时世界上最强盛的国家之一。上图为唐朝的马俑。

Friday | 19 March **2021**

2021年3月19日 | **星期五**

商朝
约公元前1600—
公元前1046年

周朝
公元前1046—
公元前256年

秦朝
公元前221—
公元前207年

唐朝
公元618—
907年

宋朝
公元960—
1279年

明朝
1368—1644年

宋朝 公元960—1279年

宋太祖赵匡胤建立了宋朝。宋朝是中国历史上经济、文化、科技发展高度繁荣的朝代。上图为宋朝陶瓷花瓶。

Saturday | 20 March **2021**

2021年3月20日 | **星期六** | 春分

商朝
约公元前1600—
公元前1046年

周朝
公元前1046—
公元前256年

秦朝
公元前221—
公元前207年

唐朝
公元618—
907年

宋朝
公元960—
1279年

明朝
1368—1644年

明朝 1368—1644年

这个时期，工匠们制作出了许多精美的工艺品，如青花瓷器。1421年，明成祖迁都北京。

Sunday | 21 March **2021**

2021年3月21日 | **星期日**

周末思维训练

恺撒密码

恺撒密码以罗马共和国独裁官盖乌斯·尤利乌斯·恺撒的名字命名，是一种可以用字母表中的一个字母替换另一个字母的密码。例如，你可以用后一个字母替换前一个字母，所以“b”变成“c”，“c”变成“d”，以此类推。在一些更复杂的密码版本中，一个字母可被它后面的第三个字母替换，所以“a”变成了“d”，“b”变成了“e”。你能看出下面一排字母表达的意思吗?

ZHOO GRQH WKLV LV D KDUG FRGH

线索：注意各字母的间距，想想字母最后组成的单词的意思。

2021年3月21日

M A R C H

农历二月初九

21

19 20 21 22 23 24 25 26 27 28 29 30 31

Monday | 22 March **2021**

2021年3月22日 | **星期一**

中世纪的欧洲

欧洲的中世纪始于公元5世纪西罗马帝国的灭亡，终于15世纪。这一时期的欧洲处在（以罗马教皇为首的）天主教会和骑士阶级的统治下，此时欧洲的民众以农民为主。

查理曼大帝加冕 公元800年

维京人建立都柏林 公元841年

黑斯廷斯战役 1066年

第一次十字军东征 1098年

百年战争 1337—1453年

圣女贞德 1431年

查理曼大帝加冕 公元800年

教皇利奥三世在罗马为法兰克国王查理曼（见上图）加冕，查理曼成为罗马皇帝。查理曼在加洛林王朝时期统一了西欧大部分地区。

Tuesday | 23 March **2021**

2021年3月23日 | **星期二**

查理曼大帝
加冕
公元800年

维京人建立
都柏林
公元841年

黑斯廷斯战役
1066年

第一次十字
军东征
1098年

百年战争
1337—1453年

圣女贞德
1431年

维京人建立都柏林 公元841年

维京人入侵爱尔兰后，在利菲河畔建立营地来作为他们永久的定居点，也就是今天的都柏林。之后他们又在利默里克、韦克斯福德、沃特福德和科克分别建立了定居点。上图为维京海盗船。

Wednesday | 24 March 2021

2021年3月24日 | 星期三

查理曼大帝
加冕
公元800年

维京人建立
都柏林
公元841年

黑斯廷斯战役
1066年

第一次十字
军东征
1098年

百年战争
1337—1453年

圣女贞德
1431年

黑斯廷斯战役 1066年

诺曼底公爵威廉一世入侵英格兰，在黑斯廷斯击败并杀死了国王哈罗德·葛温森。1085年，他下令普查英格兰的土地和人口，次年颁布了《土地赋税调查书》。

Thursday | 25 March **2021**

2021年3月25日 | **星期四**

查理曼大帝
加冕
公元800年

维京人建立
都柏林
公元841年

黑斯廷斯战役
1066年

第一次十字
军东征
1098年

百年战争
1337—1453年

圣女贞德
1431年

第一次十字军东征 1098年

教皇乌尔班二世为了与穆斯林争夺土地，发动十字军东征。1099年，十字军占领耶路撒冷，在中东建立了耶路撒冷王国。之后，又进行了7次东征。

Friday | 26 March **2021**

2021年3月26日 | **星期五**

查理曼大帝
加冕
公元800年

维京人建立
都柏林
公元841年

黑斯廷斯战役
1066年

第一次十字
军东征
1098年

百年战争
1337—1453年

圣女贞德
1431年

百年战争 1337—1453年

根据血缘关系的远近，英格兰国王爱德华三世认为自己作为法国公主的儿子，比瓦卢瓦王朝的新国王腓力六世更有资格继承法国王位。因此，两国之间开始了长达一个多世纪的战争。

Saturday | 27 March **2021**

2021年3月27日 | **星期六**

查理曼大帝
加冕
公元800年

维京人建立
都柏林
公元841年

黑斯廷斯战役
1066年

第一次十字
军东征
1098年

百年战争
1337—1453年

圣女贞德
1431年

2021年3月27日
MARCH
农历二月十五

27

19 20 21 22 23 24 25 26 27 28 29 30 31

圣女贞德 1431年

圣女贞德是一位法国农村少女，她自称得到神的启示，率领法国军队战胜了英格兰军队，但她最后被英军抓住并被处以火刑。

Sunday | 28 March **2021**

2021年3月28日 | **星期日**

周末思维训练

瞬间记忆

观察右侧3组扑克牌，并将它们的数字和花色一一记下。然后盖上这3组牌，并在心里按从大到小的顺序将它们重新排列。请你按照新顺序在空白栏中写下扑克牌上的数字和对应的花色。

Monday | 29 March **2021**

2021年3月29日 | **星期一**

城堡

古人在城镇和居民点周围建造城墙以保护自己不受攻击。我们现在所看到的城堡大约建于1000年前，这些城堡多有着高耸的塔楼、坚固的城墙和宽阔的护城河，在中世纪的欧洲以及其他地区占有重要地位。

莫特和贝利城堡
约公元950—1017年

石堡
约1070—1150年

砖砌城堡
约1300年

为炫耀而修建的城堡
约1400年

日本城堡
约1570—1600年

印度堡垒
1660—1680年

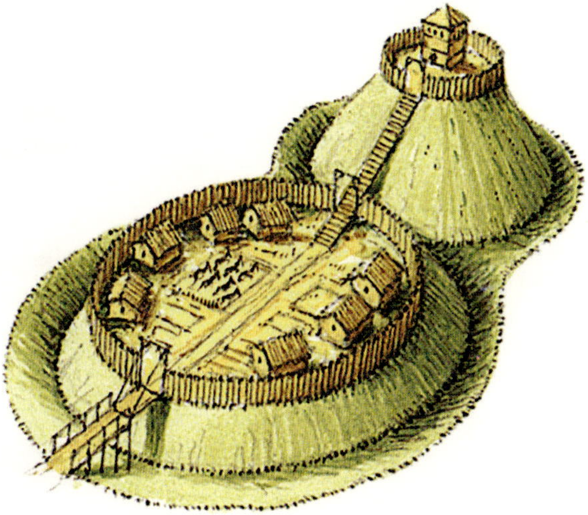

莫特和贝利城堡 约公元950—1017年

在欧洲，领主们通过建造城堡来抵御入侵者。城堡由一个带有塔楼的巨型土丘（莫特）和土丘旁边一个平坦的院子（贝利）组成，整个城堡是被沟渠和木栅栏围起来的。

Tuesday | 30 March 2021

2021年3月30日 | 星期二

莫特和贝利城堡
约公元950—
1017年

石堡
约1070—1150年

砖砌城堡
约1300年

为炫耀而修建的
城堡
约1400年

日本城堡
约1570—1600年

印度堡垒
1660—1680年

石堡 约1070—1150年

欧洲的大部分城堡是用石头建造的，大约有三四层楼高。一开始城堡的塔楼是方形的，后来调整为圆形，因为圆形塔楼能更好地防御敌人。

Wednesday | 31 March **2021**

2021年3月31日 | **星期三**

莫特和贝利城堡
约公元950—
1017年

石堡
约1070—1150年

砖砌城堡
约1300年

为炫耀而修建的
城堡
约1400年

日本城堡
约1570—1600年

印度堡垒
1660—1680年

砖砌城堡 约1300年

由于北欧平原上的石头很少，所以这里的城堡基本由砖块砌成。马尔堡城堡（见上图）位于今天的波兰，它由条顿骑士团建造，至今仍是世界上最大的砖砌建筑物。

Thursday | 01 April **2021**

2021年4月1日 | **星期四** | 愚人节

莫特和贝利城堡
约公元950—1017年

石堡
约1070—1150年

砖砌城堡
约1300年

为炫耀而修建的城堡
约1400年

日本城堡
约1570—1600年

印度堡垒
1660—1680年

为炫耀而修建的城堡 约1400年

领主们修建城堡既是为了防御，也是为了炫耀。城堡豪华且宽敞，塔楼顶部布满城垛，士兵可以通过塔楼上的圆孔进行射击。

Friday | 02 April **2021**

2021年4月2日 | **星期五**

莫特和贝利城堡
约公元950—
1017年

石堡
约1070—1150年

砖砌城堡
约1300年

为炫耀而修建的
城堡
约1400年

日本城堡
约1570—1600年

印度堡垒
1660—1680年

日本城堡 约1570—1600年

日本大名通过建造坚固的城堡来宣扬自己的权威。日本城堡大多由木材建成，矗立在高高的石头地基上，周围环绕着宽而深的护城河。

Saturday | 03 April **2021**

2021年4月3日 | **星期六**

莫特和贝利城堡
约公元950—
1017年

石堡
约1070—1150年

砖砌城堡
约1300年

为炫耀而建造的
城堡
约1400年

日本城堡
约1570—1600年

印度堡垒
1660—1680年

印度堡垒 1660—1680年

贾特拉帕蒂·希瓦吉是印度马拉塔王国的创立者，他在与莫卧儿王朝的战争中修建和修复了300多座堡垒。这些巨大的堡垒石墙充分利用了当地自然环境的特征。

Sunday | 04 April **2021**

2021年4月4日 | **星期日** | 清明

周末思维训练

奇怪的纸带

莫比乌斯带于1858年被德国数学家莫比乌斯发现，与有正、反两面的普通纸带不同，它只有一个面。不相信吗？那你可以按照下面的步骤动手做一个莫比乌斯带，然后用荧光笔沿纸带的一侧边缘画一条长长的线，看看会发生什么。

步骤1：准备纸、胶水或胶带。将纸剪成一条长约30厘米、宽为3厘米的纸带。

步骤2：把纸带旋转180度，然后用胶水或胶带将纸带的两端粘在一起。

步骤3：在纸带中心画一条线，这条线要沿纸带画完一周，接着沿这条中线剪开纸带，看看会发生什么。

第1步

第2步

第3步

Monday | 05 April **2021**

2021年4月5日 | **星期一**

文艺复兴

在14世纪的意大利中北部，许多艺术家和学者开始对古希腊和古罗马的艺术风格和思想文化感兴趣。这场以复兴古希腊、古罗马文化来表达资产阶级文化主张的运动被称为“文艺复兴”。这一时期，绘画风格从中世纪艺术风格转为更加现实主义的风格。文艺复兴的思想迅速传遍整个欧洲，掀起了一场思想革命。

建筑技艺
1418年

印刷术的进步
1440年

艺术资助人
1469年

飞行器
约1485年

雕像《大卫》
1504年

新科学
1543年

建筑技艺 1418年

菲利普·布鲁内莱斯基为佛罗伦萨大教堂设计的穹顶雄伟壮观。它是自罗马时代以来建造的第一座大型穹顶建筑，至今仍是世界上最大的砖石穹顶。

Tuesday | 06 April **2021**

2021年4月6日 | **星期二**

建筑技艺
1418年

印刷术的进步
1440年

艺术资助人
1469年

飞行器
约1485年

雕像《大卫》
1504年

新科学
1543年

印刷术的进步 1440年

德国工匠约翰内斯·谷登堡发明了欧洲的活字印刷术（使用可重复使用的金属字母），印刷术的进步有助于新知识传播，也加速了西方科学和社会的发展。

Wednesday | 07 April **2021**

2021年4月7日 | **星期三**

建筑技艺
1418年

印刷术的进步
1440年

艺术资助人
1469年

飞行器
约1485年

雕像《大卫》
1504年

新科学
1543年

艺术资助人 1469年

洛伦佐·德·美第奇是文艺复兴时期佛罗伦萨的实际掌权者。他热爱艺术，利用自己的巨额财富资助了桑德罗·波提切利和米开朗基罗·博那罗蒂等伟大艺术家。上图为波提切利的《维纳斯和马尔斯》。

Thursday | 08 April **2021**

2021年4月8日 | **星期四**

建筑技艺
1418年

印刷术的进步
1440年

艺术资助人
1469年

飞行器
约1485年

雕像《大卫》
1504年

新科学
1543年

飞行器 约1485年

列奥纳多·达·芬奇是一位伟大的艺术家、科学家和发明家。他走在时代的前列，曾设计出一种带机械翼的飞行器。

Friday | 09 April **2021**

2021年4月9日 | **星期五**

建筑技艺
1418年

印刷术的进步
1440年

艺术资助人
1469年

飞行器
约1485年

雕像《大卫》
1504年

新科学
1543年

雕像《大卫》 1504年

米开朗基罗·博那罗蒂创作了雕像作品《大卫》。这座雕像由一整块大理石雕刻而成，高5.5米，现收藏于佛罗伦萨美术学院。

Saturday | 10 April **2021**

2021年4月10日 | **星期六**

建筑技艺
1418年

印刷术的进步
1440年

艺术资助人
1469年

飞行器
约1485年

雕像《大卫》
1504年

新科学
1543年

新科学 1543年

波兰天文学家尼古拉·哥白尼提出日心说，他认为地球绕太阳运转，而不是太阳绕地球运转。他的这一学说开启了一场科学革命。

Sunday | 11 April **2021**

2021年4月11日 | **星期日**

周末思维训练

珠宝在哪里?

仔细观察右侧上方的藏宝图，限时5秒，你需要记住藏宝图上珠宝的位置。然后遮住藏宝图，再在下面的空白地图上标出珠宝的对应位置。

Monday | 12 April **2021**

2021年4月12日 | **星期一**

探索

从第一次航海探险到火箭升空等一系列探索活动，人类一直在超越极限，不断探索未知的世界。

腓尼基商人
公元前1500—公元前500年

文兰
1001年

抵达美洲
1492年

横渡太平洋
1519年

前往南极
1911年

阿波罗11号
1969年

腓尼基商人 公元前1500—公元前500年

腓尼基人多从商，也是勇敢的航海家，他们不但探索了地中海海域，还航行到西非与大不列颠岛去寻找新的贸易伙伴。

Tuesday | 13 April **2021**

2021年4月13日 | **星期二**

腓尼基商人
公元前1500—
公元前500年

文兰
1001年

抵达美洲
1492年

横渡太平洋
1519年

前往南极
1911年

阿波罗11号
1969年

文兰 1001年

雷夫·埃里克森是“红发埃里克”的儿子，他发现了一片新大陆，并命名为文兰（今加拿大纽芬兰）。雷夫·埃里克森可能是第一个登陆北美洲的欧洲人。

Wednesday | 14 April **2021**

2021年4月14日 | **星期三**

腓尼基商人
公元前1500—
公元前500年

文兰
1001年

抵达美洲
1492年

横渡太平洋
1519年

前往南极
1911年

阿波罗11号
1969年

抵达美洲 1492年

意大利航海家克里斯托弗·哥伦布向西横渡大西洋，想前往印度，却意外发现了美洲。他后来又发现了中美洲地峡和南美洲大陆。

Thursday | 15 April **2021**

2021年4月15日 | **星期四**

腓尼基商人
公元前1500—
公元前500年

文兰
1001年

抵达美洲
1492年

横渡太平洋
1519年

前往南极
1911年

阿波罗11号
1969年

横渡太平洋 1519年

葡萄牙探险家斐迪南·麦哲伦从西班牙出发，决定向西航行前往香料群岛（位于今东南亚）。他绕过了南美洲的最南端（合恩角），成为第一个横渡太平洋的欧洲人。

Friday | 16 April **2021**

2021年4月16日 | **星期五**

腓尼基商人
公元前1500—
公元前500年

文兰
1001年

抵达美洲
1492年

横渡太平洋
1519年

前往南极
1911年

阿波罗11号
1969年

前往南极 1911年

在成功打通西北航道的5年后，罗阿尔德·阿蒙森与他的竞争对手——英国的罗伯特·福尔肯·斯科特展开了成为“到达南极点第一人”的争夺赛。阿蒙森率先到达南极点（见上图），而失落的斯科特在返程中不幸去世。

Saturday | 17 April **2021**

2021年4月17日 | **星期六**

腓尼基商人
公元前1500—
公元前500年

文兰
1001年

抵达美洲
1492年

横渡太平洋
1519年

前往南极
1911年

阿波罗11号
1969年

阿波罗11号 1969年

尼尔·奥尔登·阿姆斯特朗是美国“阿波罗11号”登月任务的指令长，也是第一个踏上月球的人。上图为阿波罗11号徽章。

Sunday | 18 April 2021

2021年4月18日 | **星期日**

周末思维训练

触觉记忆

你能回忆起在温暖的沙滩上散步的感觉吗?如果可以,那么你刚刚经历了“动觉意象”。换句话说,你刚刚回忆起了身体的某个部位接触到熟悉事物时的感觉。想知道你的动觉意象有多强吗?快来做个小测试!想象你在做下面列出的事情,能回忆起曾经做这些事情时感觉的难度分为4个等级(1~4),仔细感受,然后在横线上写下相应的难度等级:

A: 握着冰块。等级____

B: 洗热水澡。等级____

C: 一个婴儿抓着你的手指。等级____

D: 喝冰水。等级____

E: 赤脚在草地上跑步。等级____

F: 抚摸一只猫。等级____

2021年4月18日

A P R I L

农历三月初七

18

18 19 20 21 22 23 24 25 26 27 28 29 30

Monday | 19 April **2021**

2021年4月19日 | **星期一**

工业革命

人类历史上最重要的变革之一是工业革命。它始于18世纪60年代的英国，并迅速席卷全球。工业革命时期是一个激动人心的时期，机器和制造业改变了人们的生产和生活方式。工业革命给农业、工业和旅游业带来了革命性的技术进步。

珍妮纺纱机
1764年

工厂社区
1771年

瓦特蒸汽机
1776年

伏打电堆
1800年

戴维灯
1815年

斯蒂芬森
1825年

珍妮纺纱机 1764年

英国的木工和纺织工詹姆斯·哈格里夫斯发明了珍妮纺纱机。这种机器一次可以纺出多根棉线，极大地提高了生产效率。

Tuesday | 20 April **2021**

2021年4月20日 | **星期二** | 谷雨

珍妮纺纱机
1764年

工厂社区
1771年

瓦特蒸汽机
1776年

伏打电堆
1800年

戴维灯
1815年

斯蒂芬森
1825年

工厂社区 1771年

英国实业家理查德·阿克莱特在克劳姆弗德工厂附近建造了新的社区，为纺织厂工人提供住房。社区中工厂与村庄共存，学校、市场和教堂等设施一应俱全。

Wednesday | 21 April **2021**

2021年4月21日 | **星期三**

珍妮纺纱机
1764年

工厂社区
1771年

瓦特蒸汽机
1776年

伏打电堆
1800年

戴维灯
1815年

斯蒂芬森
1825年

瓦特蒸汽机 1776年

詹姆斯·瓦特发明了一种效率更高的蒸汽机，推动了工业革命的发展，使人类进入“蒸汽时代”。

Thursday | 22 April **2021**

2021年4月22日 | **星期四**

珍妮纺纱机
1764年

工厂社区
1771年

瓦特蒸汽机
1776年

伏打电堆
1800年

戴维灯
1815年

斯蒂芬森
1825年

2021年4月22日
APRIL
农历三月十一

22

18 19 20 21 22 23 24 25 26 27 28 29 30

伏打电堆 1800年

意大利物理学家亚历山德罗·伏特发明了世界上第一个发电器——伏打电堆，也就是电池组。

Friday | 23 April **2021**

2021年4月23日 | **星期五**

珍妮纺纱机
1764年

工厂社区
1771年

瓦特蒸汽机
1776年

伏打电堆
1800年

戴维灯
1815年

斯蒂芬森
1825年

戴维灯 1815年

戴维灯在矿井里点燃不会引起瓦斯爆炸。它的诞生给矿工提供了基本的安全保障，也间接使煤炭得以被大规模开采，为机器和火车提供更多燃料。

Saturday | 24 April **2021**

2021年4月24日 | **星期六**

珍妮纺纱机
1764年

工厂社区
1771年

瓦特蒸汽机
1776年

伏打电堆
1800年

戴维灯
1815年

斯蒂芬森
1825年

斯蒂芬森 1825年

英国人乔治·斯蒂芬森制造了“火箭号”蒸汽机车，它行驶在利物浦至曼彻斯特的铁路线上，是当时速度最快的火车。

Sunday | 25 April **2021**

2021年4月25日 | **星期日**

周末思维训练

彩色方块

右图中的红色方块组成了字母“X”，观察图片，你觉得这些红色方块的颜色相同吗？

2021年4月25日
A P R I L
农历三月十四

25

18 19 20 21 22 23 24 25 26 27 28 29 30

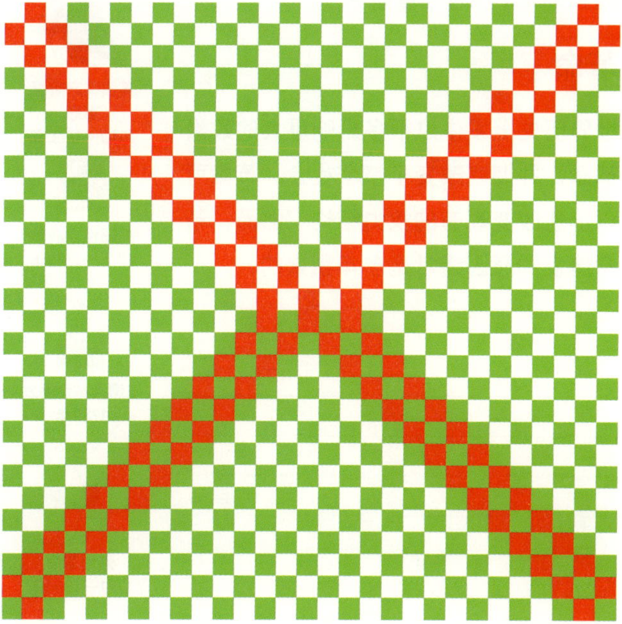

Monday | 26 April **2021**

2021年4月26日 | **星期一**

革命

世界历史上发生过很多影响重大的政治革命，并彻底改变了整个社会。革命可以迅速改变现有的权力结构。然而，革命爆发的原因通常是多年积累的。

英国资产阶级革命 1640—1660年

美国独立战争 1775—1783年

法国大革命爆发 1789年

海地革命 1791—1804年

拉丁美洲的独立革命 1806—1826年

辛亥革命 1911年

英国资产阶级革命 1640—1660年

英国议会想限制国王查理一世的权力，双方矛盾激化，最终爆发了1640年英国资产阶级革命。1649年查理一世被处死，英吉利共和国时期开始。1653年，奥利弗·克伦威尔驱散议会，自任“护国公”，英吉利共和国名存实亡。

Tuesday | 27 April **2021**

2021年4月27日 | **星期二**

英国资产阶级革命
1640—1660年

美国独立战争
1775—1783年

法国大革命爆发
1789年

海地革命
1791—1804年

拉丁美洲的独立革命
1806—1826年

辛亥革命
1911年

美国独立战争 1775—1783年

18世纪70年代中期，北美人民开始反抗英国的统治和《印花税法案》。美国《独立宣言》的发表宣告北美13个殖民地脱离英国统治而独立，最终他们赢得了胜利，美利坚合众国诞生。上图为当时的美国宪法。

Wednesday | 28 April **2021**

2021年4月28日 | **星期三**

英国资产阶级革命
1640—1660年

美国独立战争
1775—1783年

法国大革命爆发
1789年

海地革命
1791—1804年

拉丁美洲的独立革命
1806—1826年

辛亥革命
1911年

法国大革命爆发 1789年

这是一场底层阶级反抗贵族的斗争，1789年，法国大革命爆发，巴黎人民攻占了巴士底狱。《人权宣言》是法国大革命期间颁布的纲领性文件。最后，国王路易十六和他的妻子玛丽·安托瓦内特被送上断头台，法国开始逐步建立共和制。

Thursday | 29 April **2021**

2021年4月29日 | **星期四**

英国资产阶级革命
1640—1660年

美国独立战争
1775—1783年

法国大革命爆发
1789年

海地革命
1791—1804年

拉丁美洲的独立革命
1806—1826年

辛亥革命
1911年

海地革命 1791—1804年

在法国殖民地圣多明戈，杜桑·卢维杜尔领导奴隶们发动了一场反对奴隶制的斗争。最终，奴隶制在这块土地被废除，海地成功独立。

Friday | 30 April **2021**

2021年4月30日 | **星期五**

英国资产阶级革命
1640—1660年

美国独立战争
1775—1783年

法国大革命爆发
1789年

海地革命
1791—1804年

拉丁美洲的独立革命
1806—1826年

辛亥革命
1911年

2021年4月30日
APRIL
农历三月十九

30

18 19 20 21 22 23 24 25 26 27 28 29 30

拉丁美洲的独立革命 1806—1826年

受美国独立战争、法国大革命和海地革命的影响，西蒙·玻利瓦尔（见上图）和何塞·德·圣马丁等人带领拉丁美洲革命者奋起反抗西班牙的殖民统治。到1825年，拉丁美洲大部分地区获得了独立。

Saturday | 01 May **2021**

2021年5月1日 | **星期六** | 劳动节

英国资产阶级革命
1640—1660年

美国独立战争
1775—1783年

法国大革命爆发
1789年

海地革命
1791—1804年

拉丁美洲的独立革命
1806—1826年

辛亥革命
1911年

辛亥革命 1911年

辛亥革命是近代中国一次比较完全意义上的民族民主革命。这次革命推翻了清王朝统治，结束了中国2000多年的君主专制制度。

Sunday | 02 May **2021**

2021年5月2日 | **星期日**

周末思维训练

解开橡皮筋

右图中的5根橡皮筋被连在了一起，但其中有一根橡皮筋很特殊，只要你剪断它，所有的橡皮筋就都会分开，你能找出那根特殊的橡皮筋吗？

2021年5月2日
M A Y
农历三月廿一

02

19 20 21 22 23 24 25 26 27 28 29 30 31

Monday | 03 May **2021**

2021年5月3日 | **星期一**

第一次世界大战

20世纪初的欧洲各国纷纷结成军事联盟，与敌对阵营争夺土地和权力。1914—1918年，同盟国阵营与协约国阵营之间为重新瓜分世界和争夺全球霸权爆发了世界级战争，双方都使用了新型武器和战术。第一次世界大战（“一战”）成为人类历史上最血腥的战争之一。

“一战”爆发
1914年7月28日

坦能堡战役
1914年8月17日—9月2日

加里波利之战
1915年4月—1916年1月

索姆河战役
1916年6月—11月

美国参战
1917年4月6日

战争结束
1918年11月11日

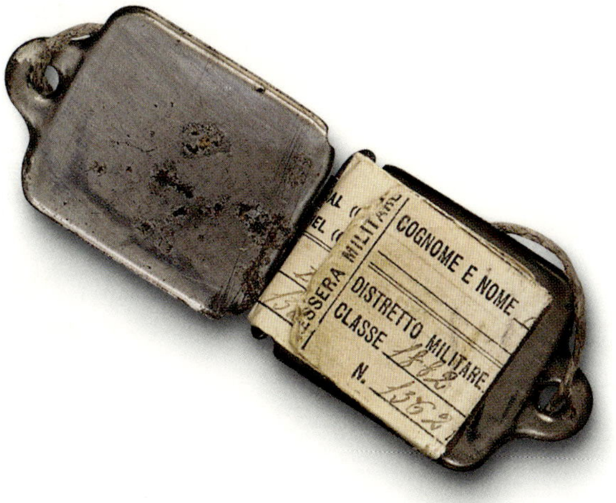

“一战”爆发 1914年7月28日

奥匈帝国皇储弗朗茨·斐迪南大公在塞尔维亚遇刺身亡，奥匈帝国在德国的支持下正式向塞尔维亚宣战，俄国出兵保卫塞尔维亚。于是，德国向俄宣战。而后越来越多的国家加入战争以保卫盟友，第一次世界大战全面爆发。上图为意大利陆军标识牌。

Tuesday | 04 May **2021**

2021年5月4日 | **星期二** | 青年节

"一战"爆发
1914年7月28日

坦能堡战役
1914年8月17日—9月2日

加里波利之战
1915年4月—1916年1月

索姆河战役
1916年6月—11月

美国参战
1917年4月6日

战争结束
1918年11月11日

坦能堡战役 1914年8月17日—9月2日

第一次世界大战东部战线的一次战役。属于协约国阵营的沙俄军队进攻德军，但俄军进攻受挫，最后俄军指挥官自杀，俄军放弃进攻。

Wednesday | 05 May **2021**

2021年5月5日 | **星期三** | 立夏

“一战”爆发
1914年7月28日

坦能堡战役
1914年8月17日—9月2日

加里波利之战
1915年4月—1916年1月

索姆河战役
1916年6月—11月

美国参战
1917年4月6日

战争结束
1918年11月11日

加里波利之战 1915年4月—1916年1月

英法联盟对加里波利半岛采取海军行动，强行闯入达达尼尔海峡，打通博斯普鲁斯海峡。这是当时最大的一次海上登陆作战，此次战役造成双方20万士兵伤亡。

Thursday | 06 May **2021**

2021年5月6日 **星期四**

"一战"爆发
1914年7月28日

坦能堡战役
1914年8月17日—9月2日

加里波利之战
1915年4月—1916年1月

索姆河战役
1916年6月—11月

美国参战
1917年4月6日

战争结束
1918年11月11日

索姆河战役 1916年6月—11月

第一次世界大战中规模最大的一次会战，人类首次使用坦克作战。战役中，英军试图突破德军防线，但遭到猛烈袭击。开战首日，就有超过19 000名英国士兵死亡。

Friday | 07 May **2021**

2021年5月7日 | **星期五**

“一战”爆发
1914年7月28日

坦能堡战役
1914年8月17日—9月2日

加里波利之战
1915年4月—1916年1月

索姆河战役
1916年6月—11月

美国参战
1917年4月6日

战争结束
1918年11月11日

美国参战 1917年4月6日

美国最初在“一战”中保持中立，但1915年5月7日，德国击沉了“卢西塔尼亚”号客轮，造成许多美国人死亡。后来，美国又发现德国唆使墨西哥向美开战，于是，1917年美国加入协约国阵营。

Saturday | 08 May **2021**

2021年5月8日 | **星期六**

"一战"爆发
1914年7月28日

坦能堡战役
1914年8月17日—
9月2日

加里波利之战
1915年4月—
1916年1月

索姆河战役
1916年6月—
11月

美国参战
1917年4月6日

战争结束
1918年11月11日

2021年5月8日
MAY
农历三月廿七

08

19 20 21 22 23 24 25 26 27 28 29 30 31

战争结束 1918年11月11日

美国加入协约国作战后，德军不堪重负被击败，协约国和同盟国双方同意停战。第一次世界大战在1918年11月11日的上午11时正式结束。红色的罂粟花成为纪念第一次世界大战中牺牲的战士的符号。

Sunday | 09 May **2021**

2021年5月9日 | **星期日** | 母亲节

周末思维训练

包裹接龙

罗布刚刚赢了一场传递包裹的游戏。游戏是这样的：9个小朋友围坐在一个圆桌上按要求传递包裹。第一个拿到包裹的玩家将包裹传给其左边的人，第7个拿到包裹的人停止传递，打开包裹并被淘汰。淘汰者左边的玩家变为1号玩家，重新开始游戏，继续向左传递，重复上面的游戏步骤，当只剩1人时，游戏结束。如果罗布是最后的胜利者，那么游戏是从谁开始的呢？

2021年5月9日
M A Y
农历三月廿八

09

19 20 21 22 23 24 25 26 27 28 29 30 31

Monday | 10 May **2021**

2021年5月10日 | **星期一**

武器和盔甲

武器和盔甲最初是用来帮助人类狩猎的。从那时起，武器和盔甲的历史就交织在一起，二者的进步相辅相成，相互促进。

第一批青铜剑
约公元前1700年

弩
公元前600年

古罗马士兵
约公元前216年

维京人
公元前900年

第一次世界大战
1914—1918年

第二次世界大战
1939—1945年

第一批青铜剑 约公元前1700年

第一批青铜剑是在欧洲东南部的黑海和爱琴海一带被制造出来的。青铜剑曾在亚洲和欧洲被广泛使用，大约在公元前1000年被铁剑取代。

Tuesday | 11 May **2021**

2021年5月11日 | **星期二**

第一批青铜剑
约公元前1700年

弩
公元前600年

古罗马士兵
约公元前216年

维京人
公元前900年

第一次世界大战
1914—1918年

第二次世界大战
1939—1945年

弩 **公元前600年**

手持弩是中国古代作战的常用兵器之一。弩弓被水平地安装在弩机上，使用者扳动弩机释放弓弦，利用弓弦急速回弹的功能将箭射出。

Wednesday | 12 May **2021**

2021年5月12日 | **星期三**

第一批青铜剑
约公元前1700年

弩
公元前600年

古罗马士兵
约公元前216年

维京人
公元前900年

第一次世界大战
1914—1918年

第二次世界大战
1939—1945年

古罗马士兵 约公元前216年

古罗马士兵作战时会携带一把罗马短剑、两支投枪、一把罗马匕首和一面盾牌。罗马士兵穿戴的盔甲的主要部分是由连缀在一起的铁环制成的，这种盔甲能够将士兵的胸部和肩膀等部位完全覆盖，减少伤害。上图为罗马短剑和剑鞘。

Thursday | 13 May **2021**

2021年5月13日 | **星期四**

第一批青铜剑
约公元前1700年

弩
公元前600年

古罗马士兵
约公元前216年

维京人
公元前900年

第一次世界大战
1914—1918年

第二次世界大战
1939—1945年

维京人 公元前900年

尽管维京人也使用长矛和长剑，但长柄战斧（见上图）仍是他们最有效的武器。维京人使用木制盾牌、圆形头盔以及锁子甲或金属板制成的盔甲来减少伤害。

Friday | 14 May **2021**

2021年5月14日 | **星期五**

第一批青铜剑
约公元前1700年

弩
公元前600年

古罗马士兵
约公元前216年

维京人
公元前900年

第一次世界大战
1914—1918年

第二次世界大战
1939—1945年

第一次世界大战 1914—1918年

第一次世界大战开创了武器和装甲的新时代。毒气、坦克、飞机和飞艇都首次在实战中被使用。“一战”的士兵配备了头盔和新型铠甲，但是这些装备在战场上收效甚微。

Saturday | 15 May **2021**

2021年5月15日 | **星期六**

第一批青铜剑
约公元前1700年

弩
公元前600年

古罗马士兵
约公元前216年

维京人
公元前900年

第一次世界大战
1914—1918年

第二次世界大战
1939—1945年

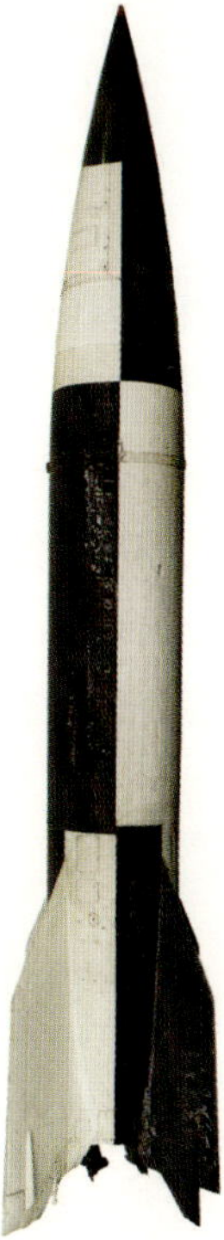

第二次世界大战 1939—1945年

美军生产了第一台便携式火箭发射器，那是一种由步兵携带和使用的近战武器，可以摧毁坦克。V-2火箭（见上图）是德国制造的第一种远程火箭，能击中320千米外的目标。

Sunday | 16 May 2021

2021年5月16日 | **星期日**

周末思维训练

哪扇门通向自由？

囚犯得到了一次重获自由的机会。他的面前有两扇门，一扇门后面是饥饿的狮子，另一扇门通往监狱的出口。每扇门前都站着一个卫兵，一个卫兵只说真话，另一个只说假话。囚犯只能选择向其中一个卫兵问一个问题。那么他应该怎样提问才能找到通往监狱出口的门呢？

2021年5月16日

M A Y

农历四月初五

16

19 20 21 22 23 24 25 26 27 28 29 30 31

Monday | 17 May **2021**

2021年5月17日 | **星期一**

伟大的领导者

自从人类开始作为一个团体一起生活以来，团体的领导者一直激励和影响着人们。从战争胜利到社会变革和商业突破，他们引领历史的进程，并塑造了我们生活的社会。许多领导者在人类历史中留下了不可磨灭的印记。

拉美西斯二世
约公元前1303—公元前1213年

埃及艳后
约公元前69—公元前30年

萨拉丁
1137—1193年

帕查库特克
1438—1471年

叶卡捷琳娜二世
1729—1796年

拿破仑·波拿巴
1769—1821年

拉美西斯二世 约公元前1303—公元前1213年

拉美西斯二世是古埃及最伟大的法老之一，统治古埃及近70年。他运用巧妙的军事战略和高明的外交手段，使古埃及日益繁荣。阿布辛贝神庙和卡纳克神庙都是在其统治时期修建的。

Tuesday | 18 May **2021**

2021年5月18日 | **星期二**

拉美西斯二世
约公元前1303—公元前1213年

埃及艳后
约公元前69—公元前30年

萨拉丁
1137—1193年

帕查库特克
1438—1471年

叶卡捷琳娜二世
1729—1796年

拿破仑·波拿巴
1769—1821年

埃及艳后 **约公元前69—公元前30年**

托密勒王朝最后一位法老克利奥帕特拉七世以其军事才能和美貌闻名。尽管她与罗马将领马克·安东尼结盟，但依旧没能使古埃及从强大的罗马帝国中独立出来。

Wednesday | 19 May **2021**

2021年5月19日 | **星期三**

拉美西斯二世
约公元前1303—
公元前1213年

埃及艳后
约公元前69—
公元前30年

萨拉丁
1137—1193年

帕查库特克
1438—1471年

叶卡捷琳娜二世
1729—1796年

拿破仑·波拿巴
1769—1821年

萨拉丁 1137—1193年

这位埃及和叙利亚的苏丹（国王）擅长外交和战争。他于1187年从十字军手中夺得耶路撒冷。

Thursday | 20 May **2021**

2021年5月20日 | **星期四**

拉美西斯二世
约公元前1303—
公元前1213年

埃及艳后
约公元前69—
公元前30年

萨拉丁
1137—1193年

帕查库特克
1438—1471年

叶卡捷琳娜二世
1729—1796年

拿破仑·波拿巴
1769—1821年

帕查库特克 1438—1471年（在位时间）

帕查库特克是印加帝国的第9位统治者。在他的统治下，库斯科王国的面积不断扩大，逐步建立起疆域辽阔的庞大帝国。此外，他还建立了著名的马丘比丘城。

Friday | 21 May **2021**

2021年5月21日 | **星期五** | 小满

拉美西斯二世
约公元前1303—
公元前1213年

埃及艳后
约公元前69—
公元前30年

萨拉丁
1137—1193年

帕查库特克
1438—1471年

叶卡捷琳娜二世
1729—1796年

拿破仑·波拿巴
1769—1821年

叶卡捷琳娜二世 1729—1796年

俄国女皇叶卡捷琳娜二世建立了俄国的学校体系，在她的统治下，俄罗斯帝国成为欧洲的主要强国之一。她在位期间下令扩建了冬宫。

Saturday | 22 May **2021**

2021年5月22日 | **星期六**

拉美西斯二世
约公元前1303—
公元前1213年

埃及艳后
约公元前69—
公元前30年

萨拉丁
1137—1193年

帕查库特克
1438—1471年

叶卡捷琳娜二世
1729—1796年

拿破仑·波拿巴
1769—1821年

2021年5月22日
M A Y
农历四月十一

22

19 20 21 22 23 24 25 26 27 28 29 30 31

拿破仑·波拿巴 1769—1821年

拿破仑出生于法国科西嘉岛，在1804年加冕称帝。他曾领导法国军队多次取得胜利，并颁布了《拿破仑法典》，该法典规定每个公民具有同等的民事权利和民事行为能力，这深深影响了欧洲其他国家的法律。

Sunday | 23 May **2021**

2021年5月23日 | **星期日**

周末思维训练

4个三角形

如右图所示，请用这6支大小、长短完全相同的蜡笔摆出4个等边三角形。如果你觉得很困难，那么你可以试着将它想象成一个三维拼图。

2021年5月23日

M A Y

农历四月十二

23

19 20 21 22 23 24 25 26 27 28 29 30 31

Monday | 24 May **2021**

2021年5月24日 | **星期一**

亚伯拉罕·林肯
1809—1865年

埃米琳·潘克赫斯特
1858—1928年

圣雄甘地
1869—1948年

克瓦米·恩克鲁玛
1909—1972年

纳尔逊·曼德拉
1918—2013年

马丁·路德·金
1929—1968年

亚伯拉罕·林肯 1809—1865年

林肯天生具备领袖才能，他出身贫寒，在逆境中逐步实现政治抱负，成为第16任美国总统。他领导联邦军队取得了南北战争的胜利，废除了奴隶制，维持并巩固了美国的统一。

Tuesday | 25 May **2021**

2021年5月25日 | **星期二**

亚伯拉罕·林肯
1809—1865年

埃米琳·潘克赫斯特
1858—1928年

圣雄甘地
1869—1948年

克瓦米·恩克鲁玛
1909—1972年

纳尔逊·曼德拉
1918—2013年

马丁·路德·金
1929—1968年

埃米琳·潘克赫斯特 1858—1928年

潘克赫斯特是英国女权运动代表人物，为争取妇女选举权而斗争。她于1903年成立妇女社会政治同盟。该组织的成员被称为妇女参政论者，她的3个女儿也是该组织成员。

Wednesday | 26 May **2021**

2021年5月26日 | **星期三**

亚伯拉罕·林肯
1809—1865年

埃米琳·潘克赫斯特
1858—1928年

圣雄甘地
1869—1948年

克瓦米·恩克鲁玛
1909—1972年

纳尔逊·曼德拉
1918—2013年

马丁·路德·金
1929—1968年

圣雄甘地 1869—1948年

莫罕达斯·卡拉姆昌德·甘地领导了非暴力不合作运动以抵抗英国的殖民统治，这在印度争取独立的战斗中起到至关重要的作用。在他的影响下，印度于1947年独立。

Thursday | 27 May **2021**

2021年5月27日 | **星期四**

亚伯拉罕·林肯
1809—1865年

埃米琳·潘克赫斯特
1858—1928年

圣雄甘地
1869—1948年

克瓦米·恩克鲁玛
1909—1972年

纳尔逊·曼德拉
1918—2013年

马丁·路德·金
1929—1968年

克瓦米·恩克鲁玛 1909—1972年

恩克鲁玛是一位革命者和政治家，1957年领导加纳脱离英国统治获得独立。执政期间，他鼓励非洲各地活动人士，支持非洲民族独立运动，倡导非洲统一。

Friday | 28 May **2021**

2021年5月28日 | **星期五**

亚伯拉罕·林肯
1809—1865年

埃米琳·潘克赫斯特
1858—1928年

圣雄甘地
1869—1948年

克瓦米·恩克鲁玛
1909—1972年

纳尔逊·曼德拉
1918—2013年

马丁·路德·金
1929—1968年

纳尔逊·曼德拉 1918—2013年

种族隔离是一项迫使南非黑人和白人隔离开的法律。纳尔逊·曼德拉强烈反对种族隔离并领导反对种族隔离运动，而后被捕入狱27年。在国际压力下，南非最终结束了种族隔离。曼德拉于1990年获释，1994年当选南非总统。

Saturday | 29 May **2021**

2021年5月29日 | **星期六**

亚伯拉罕·林肯
1809—1865年

埃米琳·潘克赫斯特
1858—1928年

圣雄甘地
1869—1948年

克瓦米·恩克鲁玛
1909—1972年

纳尔逊·曼德拉
1918—2013年

马丁·路德·金
1929—1968年

马丁·路德·金 1929—1968年

马丁·路德·金是美国民权运动的领袖，组织了大规模的和平游行和罢工运动，并号召人民反对非裔美国人在美国遭受的歧视和不平等待遇。

Sunday | 30 May 2021

2021年5月30日 | 星期日

周末思维训练

怎样分割圆？

你能只画3条直线把这个圆分割成7部分吗？

2021年5月30日

M A Y

农历四月十九

30

19 20 21 22 23 24 25 26 27 28 29 30 31

Monday | 31 May **2021**

2021年5月31日 | **星期一**

太空探索

探索太空的愿望促进了许多令人难以置信的科技发展。1969年，人类首次登上月球。现在，下一个太空探索的时代已经开始，人类对太空的探索兴趣再次高涨，我们试图进行太空旅游，并将人类送上火星。

第一颗人造地球卫星
1957年

“探险者1号”
1958年

太空第一人
1961年

火星照片
1965年

登月第一人
1969年

“礼炮1号”
1971年

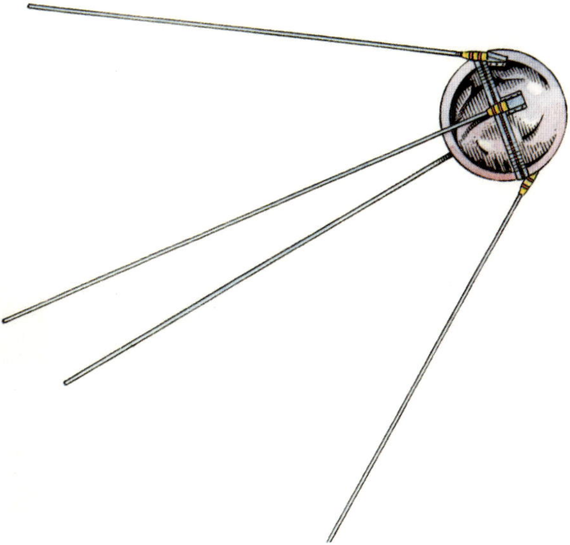

第一颗人造地球卫星 1957年

苏联制造的“斯普特尼克1号”是世界上第一颗地球人造卫星，它成功进入轨道绕地球运行。美国对这一壮举感到震惊，随后加快了太空探索的步伐。

Tuesday | 01 June **2021**

2021年6月1日 | **星期二** | 儿童节

第一颗人造
地球卫星
1957年

"探险者1号"
1958年

太空第一人
1961年

火星照片
1965年

登月第一人
1969年

"礼炮1号"
1971年

2021年6月1日
J U N E
农历四月廿一

01

18 19 20 21 22 23 24 25 26 27 28 29 30

“探险者1号” 1958年

美国的第一颗人造地球卫星“探险者1号”发射升空。

Wednesday | 02 June **2021**

2021年6月2日 | **星期三**

第一颗人造地球卫星
1957年

“探险者1号”
1958年

太空第一人
1961年

火星照片
1965年

登月第一人
1969年

“礼炮1号”
1971年

太空第一人 1961年

苏联航天员尤里·加加林乘坐“东方一号”宇宙飞船完成了世界上首次载人航天飞行，成为首位进入太空的人。

Thursday | 03 June **2021**

2021年6月3日 | **星期四**

第一颗人造
地球卫星
1957年

“探险者1号”
1958年

太空第一人
1961年

火星照片
1965年

登月第一人
1969年

“礼炮1号”
1971年

火星照片 1965年

美国“水手4号”探测器向地球传回了第一批火星的特写照片。这些照片并没有像人们希望的那样显示火星上的外星人，而是显示了有着大量陨石坑的贫瘠的火星表面。

Friday | 04 June **2021**

2021年6月4日 | **星期五**

第一颗人造
地球卫星
1957年

"探险者1号"
1958年

太空第一人
1961年

火星照片
1965年

登月第一人
1969年

"礼炮1号"
1971年

登月第一人 1969年

“阿波罗11号”载人宇宙飞船实现了人类历史上首次月球着陆。宇航员尼尔·阿姆斯特朗成为首位登上月球并在月球上行走的人。

Saturday | 05 June **2021**

2021年6月5日 | **星期六** | 芒种

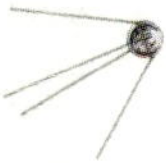

第一颗人造地球卫星 1957年

“探险者1号” 1958年

太空第一人 1961年

火星照片 1965年

登月第一人 1969年

“礼炮1号” 1971年

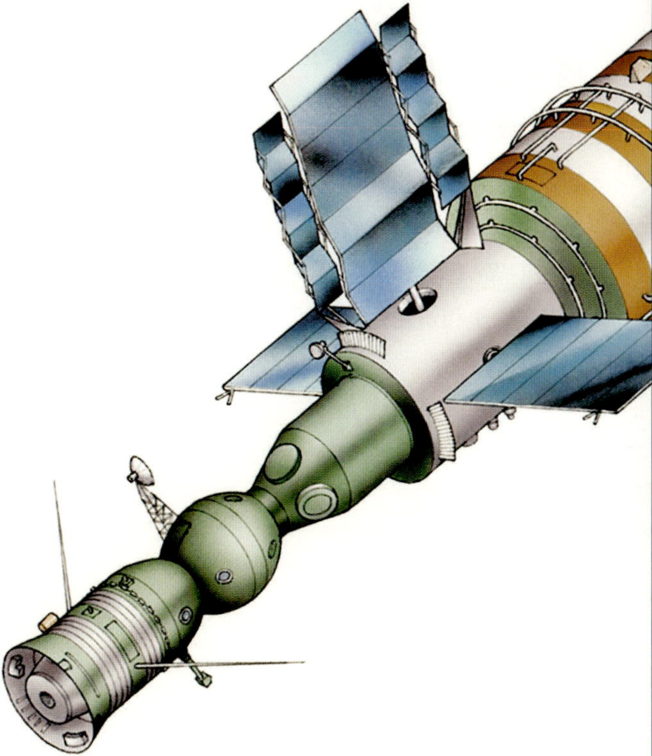

“礼炮1号” 1971年

苏联发射了世界上第一个空间站“礼炮1号”。

Sunday | 06 June **2021**

2021年6月6日 | **星期日**

周末思维训练

上升还是下降?

观察右图，发挥你的想象力，如果这个建筑工人将右上方的齿轮顺时针转动，A筐和B筐分别会怎样运动呢？是上升还是下降？想要知道A和B的运动情况，你必须弄清楚每个齿轮、轮子和滑轮之间是如何相互影响的。

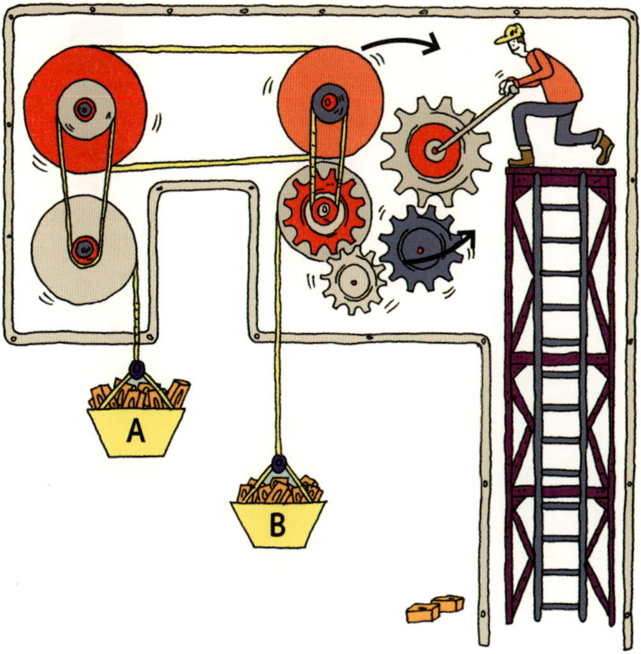
A
B

Monday | 07 June **2021**

2021年6月7日 | **星期一**

天空实验室
1973年

和平号空间站
1986年

空间望远镜
1990年

国际空间站
1998年

星际空间探索
2012年

“黎明号”探测器
2015年

天空实验室 1973年

美国航空航天局发射了美国第一个绕地球运行的空间站——天空实验室。

Tuesday | 08 June **2021**

2021年6月8日 | **星期二**

天空实验室
1973年

和平号空间站
1986年

空间望远镜
1990年

国际空间站
1998年

星际空间探索
2012年

“黎明号”探测器
2015年

2021年6月8日
JUNE
农历四月廿八

08

18 19 20 21 22 23 24 25 26 27 28 29 30

和平号空间站 1986年

和平号空间站是苏联历时数年建造的一个轨道空间站，也是人类首个第三代空间站，由多个模块在轨道上组装而成。

Wednesday | 09 June **2021**

2021年6月9日 | **星期三**

天空实验室
1973年

和平号空间站
1986年

空间望远镜
1990年

国际空间站
1998年

星际空间探索
2012年

“黎明号”探测器
2015年

空间望远镜 1990年

美国航空航天局成功发射哈勃空间望远镜，它是人类历史上最著名的空间望远镜。它能观测到距地球134亿光年外的天体。

Thursday | 10 June **2021**

2021年6月10日 | **星期四**

天空实验室
1973年

和平号空间站
1986年

空间望远镜
1990年

国际空间站
1998年

星际空间探索
2012年

“黎明号”探测器
2015年

国际空间站 1998年

国际空间站（International Space Station，简称ISS）1998年正式建站。

Friday | 11 June **2021**

2021年6月11日 | **星期五**

天空实验室
1973年

和平号空间站
1986年

空间望远镜
1990年

国际空间站
1998年

星际空间探索
2012年

“黎明号”探测器
2015年

2021年6月11日
J U N E
农历五月初二

11

18 19 20 21 22 23 24 25 26 27 28 29 30

星际空间探索 2012年

美国航空航天局的“旅行者1号”探测器于2012年成为第一个穿越太阳圈并进入星际空间（恒星之间的空间）的人造飞行器。

Saturday | 12 June **2021**

2021年6月12日 | **星期六**

天空实验室
1973年

和平号空间站
1986年

空间望远镜
1990年

国际空间站
1998年

星际空间探索
2012年

“黎明号”探测器
2015年

2021年6月12日
JUNE
农历五月初三

12

18 19 20 21 22 23 24 25 26 27 28 29 30

“黎明号”探测器 2015年

美国航空航天局发射的“黎明号”小行星探测器进入谷神星（一颗矮行星）轨道，并拍摄图像。

Sunday | 13 June **2021**

2021年6月13日 | **星期日**

周末思维训练

横向思维

你能用横向思维和一点点想象力来解决难题吗?

怎样在不把球掷向墙壁、不把球系在绳子或有弹性的物体上, 以及没有人接球并把球抛回的情况下, 使你抛出的球回到你手上?

2021年6月13日

J U N E

农历五月初四

13

18 19 20 21 22 23 24 25 26 27 28 29 30

Monday | 14 June 2021

2021年6月14日 | **星期一** | 端午节

观测星象

自古以来，人们就在不断地观测和记录天文现象。随着科学的发展，人们试图探索更多的宇宙奥秘。

亚里士多德
约公元前330年

阿利斯塔克的计算
约公元前280年

哈雷彗星
公元前240年

托勒密
约公元150年

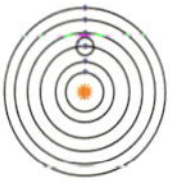
哥白尼的日心说
1543年

椭圆轨道
1609年

亚里士多德 约公元前330年

古希腊哲学家，如亚里士多德，开始相信地球是一个球体。

Tuesday | 15 June **2021**

2021年6月15日 | **星期二**

亚里士多德
约公元前330年

阿利斯塔克的计算
约公元前280年

哈雷彗星
公元前240年

托勒密
约公元150年

哥白尼的日心说
1543年

椭圆轨道
1609年

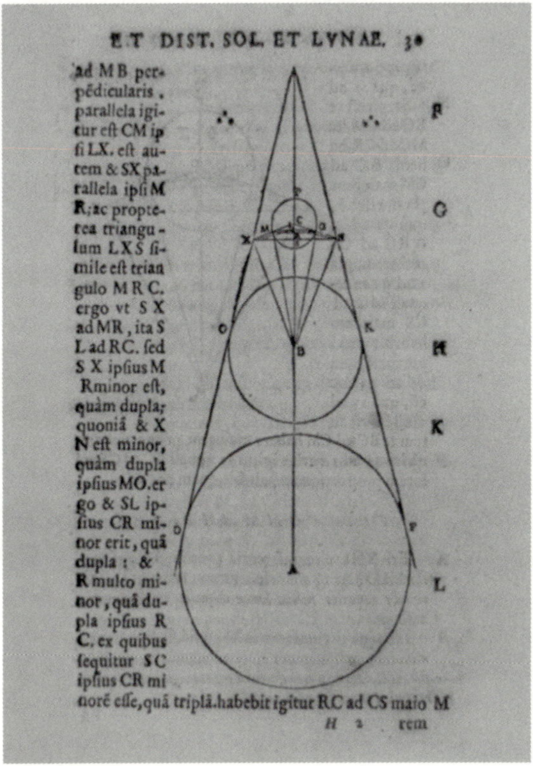

阿利斯塔克的计算 约公元前280年

古希腊天文学家阿利斯塔克通过计算得出了太阳和月亮的大小，以及它们各自与地球之间的距离，虽然阿利斯塔克的计算结果与实际值相差甚远，但他是第一个认识到太阳远比地球大得多的人。

Wednesday | 16 June **2021**

2021年6月16日 | **星期三**

亚里士多德
约公元前330年

阿利斯塔克的计算
约公元前280年

哈雷彗星
公元前240年

托勒密
约公元150年

哥白尼的日心说
1543年

椭圆轨道
1609年

哈雷彗星 公元前240年

世界上公认的关于哈雷彗星的最早记录出现在中国,《春秋》《史记》中都有记载。

Thursday | 17 June **2021**

2021年6月17日 | **星期四**

亚里士多德
约公元前330年

阿利斯塔克的计算
约公元前280年

哈雷彗星
公元前240年

托勒密
约公元150年

哥白尼的日心说
1543年

椭圆轨道
1609年

托勒密 约公元150年

克罗狄斯·托勒密认为地球是宇宙的中心。在之后的1400年里，绝大多数人对托勒密体系一直深信不疑。

Friday | 18 June **2021**

2021年6月18日 | **星期五**

亚里士多德
约公元前330年

阿利斯塔克的计算
约公元前280年

哈雷彗星
公元前240年

托勒密
约公元150年

哥白尼的日心说
1543年

椭圆轨道
1609年

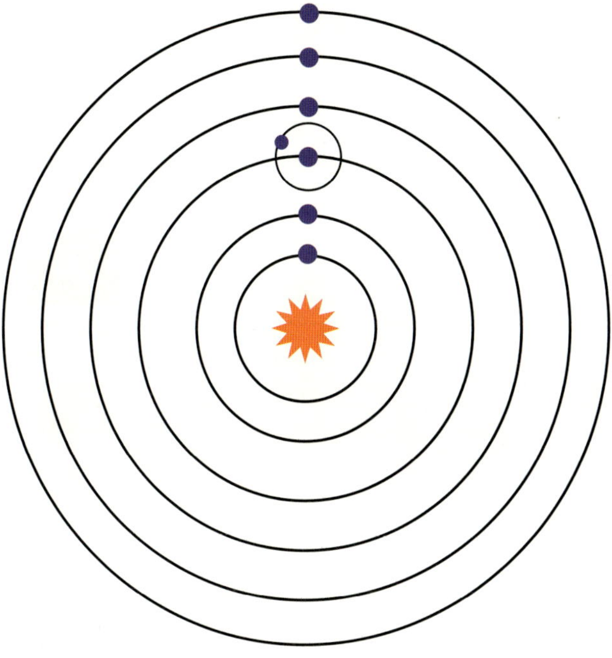

哥白尼的日心说 1543年

波兰天文学家尼古拉·哥白尼公布了一个具有革命意义的太阳系模型（见上图），他将相对静止的太阳放在中心，提出了“日心说”。

Saturday | 19 June **2021**

2021年6月19日 | **星期六**

亚里士多德
约公元前330年

阿利斯塔克的计算
约公元前280年

哈雷彗星
公元前240年

托勒密
约公元150年

哥白尼的日心说
1543年

椭圆轨道
1609年

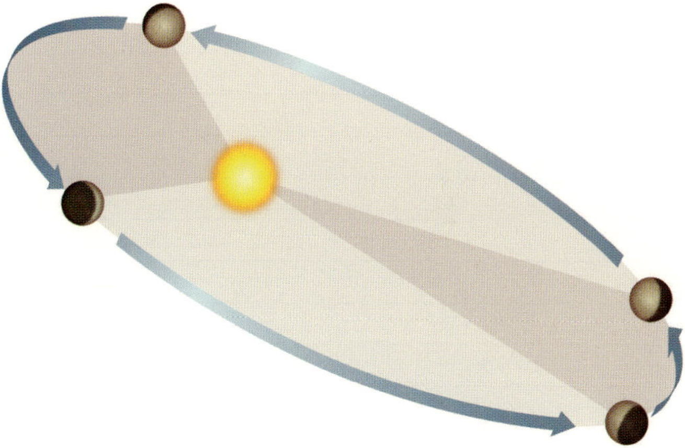

椭圆轨道 1609年

德国数学家约翰尼斯·开普勒计算得出行星的运行轨道不是圆形，而是椭圆形。

Sunday | 20 June **2021**

2021年6月20日 | **星期日** | 父亲节

周末思维训练

走进迷宫

生活充满了令人困惑的难题，比如右侧这张迷宫图，如何才能从箭头指示的入口走到这个迷宫中心的圆点处呢？聪明的你肯定能找到方向！

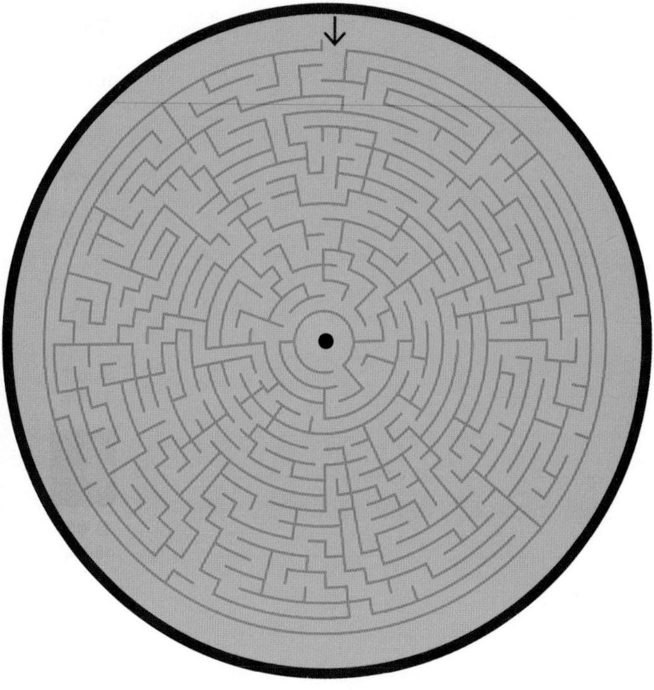

Monday | 21 June **2021**

2021年6月21日 | **星期一** | 夏至

伽利略
1633年

艾萨克·牛顿
1687年

天王星
1781年

谷神星
1801年

太阳黑子
1843年

冥王星
2006年

伽利略 1633年

意大利天文学家伽利略因推崇哥白尼的日心说而受到了当时的教会的审判。

Tuesday | 22 June **2021**

2021年6月22日 | **星期二**

伽利略
1633年

艾萨克·牛顿
1687年

天王星
1781年

谷神星
1801年

太阳黑子
1843年

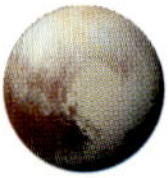

冥王星
2006年

艾萨克·牛顿 1687年

英国科学家艾萨克·牛顿推导出了万有引力定律，并认为它是月球绕地球运行和行星绕太阳运行的原因。

Wednesday | 23 June **2021**

2021年6月23日 | **星期三**

伽利略
1633年

艾萨克·牛顿
1687年

天王星
1781年

谷神星
1801年

太阳黑子
1843年

冥王星
2006年

天王星 1781年

德国天文学家威廉·赫歇尔发现了天王星，这是一颗比土星离太阳更远的行星，其体积在太阳系中排名第三。

Thursday | 24 June **2021**

2021年6月24日 | **星期四**

伽利略
1633年

艾萨克·牛顿
1687年

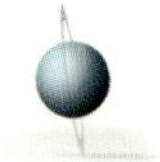

天王星
1781年

谷神星
1801年

太阳黑子
1843年

冥王星
2006年

谷神星 1801年

意大利天文学家朱塞普·皮亚齐在火星和木星轨道之间的小行星带中发现了谷神星。它曾被认为是太阳系已知最大的小行星，现被归类为矮行星。

Friday | 25 June **2021**

2021年6月25日 | **星期五**

伽利略
1633年

艾萨克·牛顿
1687年

天王星
1781年

谷神星
1801年

太阳黑子
1843年

冥王星
2006年

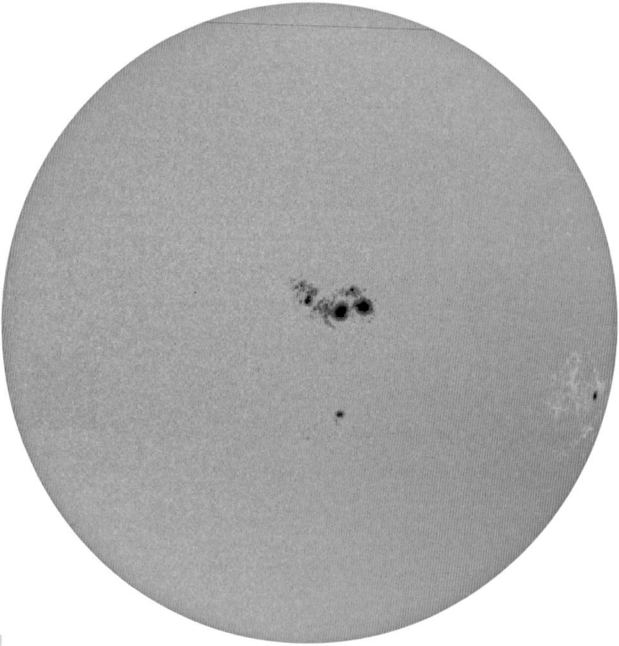

太阳黑子 1843年

德国业余天文学家塞缪尔·海因利希·施瓦贝发现太阳黑子（太阳表面的暗斑点）的数量以大约10年为一个波动周期的变化规律，后来天文学家发现这个周期为11年左右。

Saturday | 26 June **2021**

2021年6月26日 | **星期六**

伽利略
1633年

艾萨克·牛顿
1687年

天王星
1781年

谷神星
1801年

太阳黑子
1843年

冥王星
2006年

2021年6月26日
J U N E
农历五月十七

26

18 19 20 21 22 23 24 25 26 27 28 29 30

冥王星 2006年

国际天文学联合会重新定义了“行星”的概念，于2006年8月24日将冥王星归类为矮行星。

Sunday | 27 June **2021**

2021年6月27日 | **星期日**

周末思维训练

老人还是年轻人？

你可能会不由自主地想弄明白右图中的人物到底是一位年轻女子还是一位老妇人。其实，你既能看到一位老妇人，也能看到一位年轻女子，这取决于你视线聚焦的位置。如果你的视线聚焦在中间，你可能会看到老妇人的眼睛，但如果你的视线聚焦在左边，那么老妇人的眼睛就变成了年轻女子的耳朵。

2021年6月27日
J U N E
农历五月十八

27

18 19 20 21 22 23 24 25 26 27 28 29 30

Monday | 28 June **2021**

2021年6月28日 | **星期一**

发明

发明无处不在。不仅仅是手机和游戏机，还包括你坐的椅子、路上的汽车，甚至你头顶的灯泡。一些早期的发明至今仍在使用，比如轮子。还有的发明已经被更新、更有效的物品取代，比如矛。

手斧
公元前176万年

矛
公元前3.5万年

陶器
公元前1.75万年

起航
公元前8000年

犁
公元前
6000年

运输专用车轮
公元前3500年

手斧 **公元前176万年**

直立人发明了一种叶状石制工具——阿舍利手斧。这是人类历史上第一种标准化加工的重型工具。

Tuesday | 29 June **2021**

2021年6月29日 | **星期二**

手斧
公元前176万年

矛
公元前3.5万年

陶器
公元前1.75万年

起航
公元前8000年

犁
公元前
6000年

运输专用车轮
公元前3500年

矛 公元前3.5万年

手持式武器有一个显著的弊端，那就是猎人必须站在离猎物非常近的地方进行狩猎，这样做很危险。矛的发明就解决了这个问题。猎人可以退后一段距离，瞄准猎物，然后抛出矛。早期的长矛矛头是燧石制成的，后来改进为有又长又薄的锋刃的金属矛头。

Wednesday | 30 June **2021**

2021年6月30日 | **星期三**

手斧
公元前176万年

矛
公元前3.5万年

陶器
公元前1.75万年

起航
公元前8000年

犁
公元前6000年

运输专用车轮
公元前3500年

陶器 **公元前1.75万年**

在史前时期，人类就开始制作陶器了。在许多古代文明时期（尤其是古希腊），人们把陶器设计当成一种艺术形式。

Thursday | 01 July **2021**

2021年7月1日 | **星期四** | 建党节

手斧
公元前176万年

矛
公元前3.5万年

陶器
公元前1.75万年

起航
公元前8000年

犁
公元前6000年

运输专用车轮
公元前3500年

起航 公元前8000年

古人最初用木筏在海上航行，后来古埃及人建造了替代木筏的船只，用来沿尼罗河运输货物。这一时期，帆也被发明出来了，帆可以利用风的力量推动船前进。上图为斐济战船模型。

Friday | 02 July **2021**

2021年7月2日 | **星期五**

手斧
公元前176万年

矛
公元前3.5万年

陶器
公元前1.75万年

起航
公元前8000年

犁
公元前6000年

运输专用车轮
公元前3500年

犁 **公元前6000年**

直到公元前8500年左右，人们才开始耕种田地，种植如小麦等农作物。为了借助动物的力量进行耕种，公元前6000年，人们发明了木犁，犁一般由牛拉动，用来翻耕更大面积的土地。

Saturday | 03 July **2021**

2021年7月3日 | **星期六**

手斧
公元前176万年

矛
公元前3.5万年

陶器
公元前1.75万年

起航
公元前8000年

犁
公元前6000年

运输专用车轮
公元前3500年

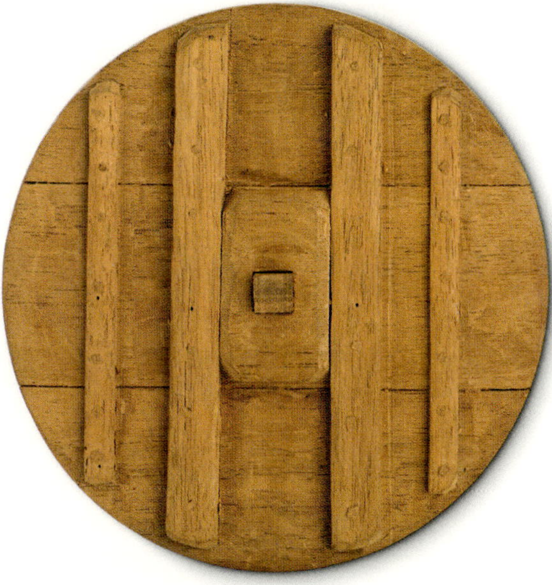

运输专用车轮 公元前3500年

用于运输的车轮最早应用于美索不达米亚的战车和手推车上。这种用实木制成的轮子使人们的出行变得更加便利。

Sunday | 04 July **2021**

2021年7月4日 | **星期日**

周末思维训练

视觉的秘密

我们的大脑会调整颜色在不同光照条件下的视觉呈现方式，因为它“知道”颜色是固定的。如右图所示，当你看到方块B时，大脑会告诉你这个方块是浅灰色的（图中看起来有深灰和浅灰两种颜色）。但实际上，方块B和A的颜色是一样的，它们看起来颜色不同只是因为方块B看起来处于圆柱体的阴影之下！

A
B

Monday | 05 July **2021**

2021年7月5日 | **星期一**

火药
约公元850年

眼镜
1300年

第一台显微镜
1590年

六分仪
1759年

蒸汽机
1776年

冰箱
1834年

火药 约公元850年

火药是用硫黄、木炭和硝石混合制成的爆炸物。最初，中国人把它当作药物使用。当人们发现它具有爆炸特性后，便把它用来发射炮弹。

Tuesday | 06 July **2021**

2021年7月6日 | **星期二**

火药
约公元850年

眼镜
1300年

第一台显微镜
1590年

六分仪
1759年

蒸汽机
1776年

冰箱
1834年

眼镜 1300年

早期的人们（如维京人）用矿物晶体制成透镜来增强他们的视觉能力。可佩戴的双镜片眼镜可能发明于14世纪的意大利，因为当时意大利的玻璃吹制工艺很先进。这类早期眼镜通常由安装在骨头、金属或皮革材料制成的支架上的两个放大镜构成，能平衡地架在人们的鼻梁上而不掉下来。

Wednesday | 07 July **2021**

2021年7月7日 | **星期三** | 小暑

火药
约公元850年

眼镜
1300年

第一台显微镜
1590年

六分仪
1759年

蒸汽机
1776年

冰箱
1834年

第一台显微镜 1590年

荷兰眼镜制造商亚斯·詹森发明了世界上第一台简易复式显微镜。17世纪，英国科学家罗伯特·胡克完善了复式显微镜（见上图）。显微镜的发明有助于生物学等领域的科学家对微观世界进行更深入的研究。

Thursday | 08 July **2021**

2021年7月8日 | **星期四**

火药
约公元850年

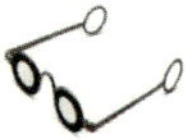

眼镜
1300年

第一台显微镜
1590年

六分仪
1759年

蒸汽机
1776年

冰箱
1834年

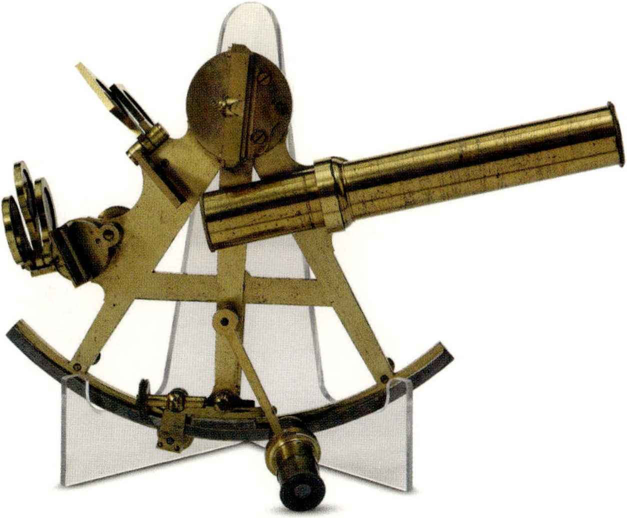

六分仪 1759年

早期航海家在大海中沿航线航行时，需要借助精确的导航仪器来确定船的位置。1759年，英国仪器制造商约翰·伯德完善了六分仪，它至今仍作为备用设备被安装在船上，以避免GPS导航失效时船只迷失方向。

Friday | 09 July **2021**

2021年7月9日 | **星期五**

火药
约公元850年

眼镜
1300年

第一台显微镜
1590年

六分仪
1759年

蒸汽机
1776年

冰箱
1834年

蒸汽机 1776年

苏格兰工程师詹姆斯·瓦特经过一系列改进，制造出了第一台有实用价值的蒸汽机。它不仅可以从矿井中抽水，还可以应用于钢铁厂、棉花厂和造纸厂，后来又经过一系列重大改进，蒸汽机成为名副其实的“万能的原动机”。

Saturday | 10 July **2021**

2021年7月10日 | **星期六**

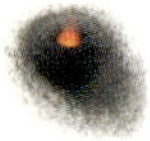

火药
约公元850年

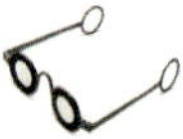

眼镜
1300年

第一台显微镜
1590年

六分仪
1759年

蒸汽机
1776年

冰箱
1834年

冰箱 1834年

直到1834年，人们还在用装有冰块的保温箱来冷藏食物。后来，美国费城的雅各布·帕金斯发明了一种制冷装置，由此催生了世界上第一台家用冰箱。后来，冰箱的种类和功能也越来越多。上图为20世纪50年代的冰箱。

Sunday | 11 July 2021

2021年7月11日 | **星期日**

周末思维训练

全局思维

在第一次世界大战中，士兵们戴的只是布帽，这造成大量士兵因头部缺乏保护而死亡。为了更好地保护头部，锡制头盔取代了布帽。但头部受伤的人却急剧增加，你知道这是为什么吗？

2021年7月11日
J U L Y
农历六月初二

11

19 20 21 22 23 24 25 26 27 28 29 30 31

Monday | 12 July **2021**

2021年7月12日 | **星期一**

塑料
1862年

电话
1876年

灯泡
1878年

第一次长途汽车旅行
1888年

无线电波的传输
1895年

机械电视机
1923年

2021年7月12日

J U L Y

农历六月初三

12

19 20 21 22 23 24 25 26 27 28 29 30 31

塑料 1862年

英国发明家亚历山大·帕克斯试图创造出一种受热时易变形、冷却时变硬且不易变形的合成材料。1862年，他发明了世界上第一种塑料。

Tuesday | 13 July **2021**

2021年7月13日 | **星期二**

塑料
1862年

电话
1876年

灯泡
1878年

第一次长途汽车旅行
1888年

无线电波的传输
1895年

机械电视机
1923年

电话 1876年

苏格兰发明家亚历山大·格拉厄姆·贝尔做了一个用电报线发送声音的实验。早期电话能让使用者听到另一端的声音。第一通电话由贝尔打给他的助手托马斯·沃森，他在电话中说：“沃森先生请过来一下，我想见你。”

Wednesday | 14 July **2021**

2021年7月14日 | **星期三**

塑料
1862年

电话
1876年

灯泡
1878年

第一次长途汽车旅行
1888年

无线电波的传输
1895年

机械电视机
1923年

灯泡 1878年

1878年，约瑟夫·威尔森·斯旺发明了碳丝灯炮。1880年，托马斯·爱迪生发明了一种能持续使用1200小时以上的灯泡（见上图）。此后，灯泡不断被重新设计，以减少能源消耗。

Thursday | 15 July **2021**

2021年7月15日 | **星期四**

塑料
1862年

电话
1876年

灯泡
1878年

第一次长途汽车旅行
1888年

无线电波的传输
1895年

机械电视机
1923年

第一次长途汽车旅行 1888年

1886年，德国工程师卡尔·弗里特立奇·本茨制造出世界上第一辆以汽油为动力的汽车。1888年，他的妻子贝尔塔·本茨驾驶这辆车进行了世界上首次长途汽车旅行。到1900年时，奔驰已有了配备有三挡变速和倒挡的四轮车（Benz Ideal，见上图）。

Friday | 16 July **2021**

2021年7月16日 | **星期五**

塑料
1862年

电话
1876年

灯泡
1878年

第一次长途汽车旅行
1888年

无线电波的传输
1895年

机械电视机
1923年

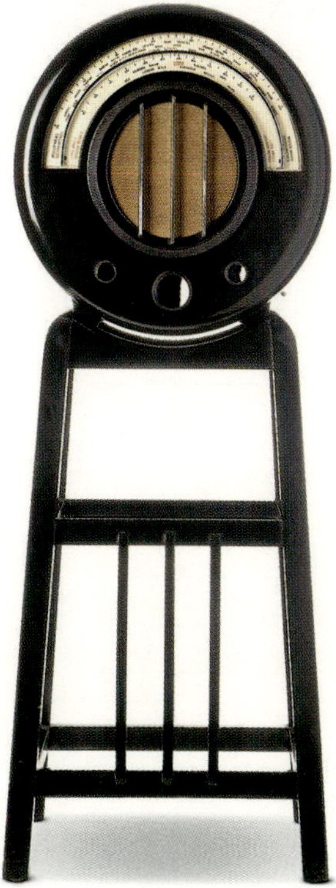

无线电波的传输 1895年

塞尔维亚裔美国工程师尼古拉·特斯拉是第一个将电力以无线电波的形式传输到目标电器里的人。他还是许多发明的奠基人。上图为无线电收音机。

Saturday | 17 July **2021**

2021年7月17日 | **星期六**

塑料
1862年

电话
1876年

灯泡
1878年

第一次长途汽车旅行
1888年

无线电波的传输
1895年

机械电视机
1923年

机械电视机 1923年

英国发明家约翰·罗杰·贝尔德发明了世界上第一台借助旋压碟盘产生视频信号的机械电视。他利用一些常见物品，如编织针、饼干罐和茶叶箱等产生视频信号，使电视产生图像。1926年，机械电视机在伦敦展出。上图为20世纪50年代的电视机。

Sunday | 18 July **2021**

2021年7月18日 | **星期日**

周末思维训练

你是第几名？

若你在跑步比赛中超过了第二名，那么请问你现在是第几名?

2021年7月18日
J U L Y
农历六月初九

18

19 20 21 22 23 24 25 26 27 28 29 30 31

Monday | 19 July **2021**

2021年7月19日 | **星期一**

青霉素
1928年

计算机
1946年

第一颗人造地球卫星
1957年

笨重的手机
1973年

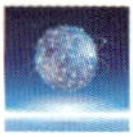
万维网
1989年

3D打印技术
2010年

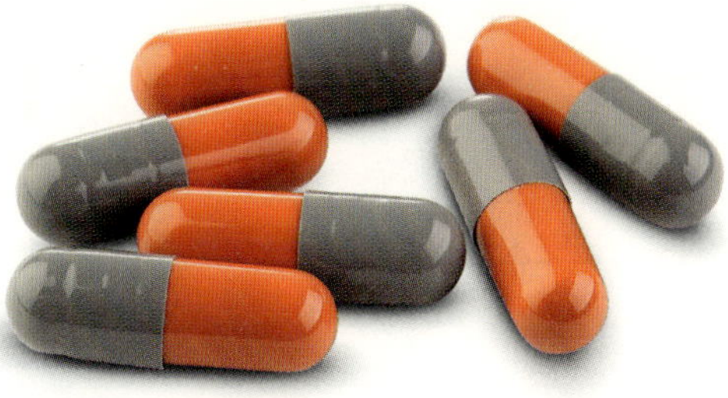

青霉素 1928年

苏格兰科学家亚历山大·弗莱明培养葡萄球菌时，意外发现了一种可以杀死葡萄球菌的霉菌——青霉菌。从青霉菌中提取出的青霉素被认为是第一种抗生素，于20世纪40年代末大量生产。

Tuesday | 20 July **2021**

2021年7月20日 | **星期二**

青霉素
1928年

计算机
1946年

第一颗人造地球
卫星
1957年

笨重的手机
1973年

万维网
1989年

3D打印技术
2010年

计算机 1946年

为美国政府开发的世界上第一台通用电子计算机被称为ENIAC：电子数字积分式计算机。这种体积巨大的计算机在未来几十年里为研发体积更小巧、功能更强大的计算机（如20世纪70年代的家用计算机）开辟了新道路。

Wednesday | 21 July **2021**

2021年7月21日 | **星期三**

青霉素
1928年

计算机
1946年

第一颗人造地球卫星
1957年

笨重的手机
1973年

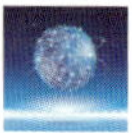

万维网
1989年

3D打印技术
2010年

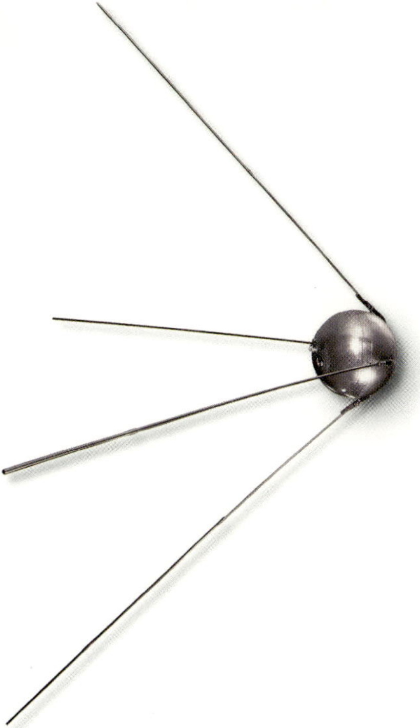

第一颗人造地球卫星 1957年

苏联成功发射人类第一颗人造地球卫星——斯普特尼克1号，标志着人类进入太空时代。斯普特尼克1号绕地球一周大约需要98分钟。

Thursday | 22 July **2021**

2021年7月22日 | **星期四** | 大暑

青霉素
1928年

计算机
1946年

第一颗人造地球卫星
1957年

笨重的手机
1973年

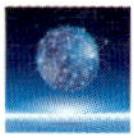

万维网
1989年

3D打印技术
2010年

笨重的手机 1973年

摩托罗拉DynaTAC是全球第一款商用手机。这款手机又被称为“大哥大”，当时市场售价为3200英镑。由于价格昂贵，当时很少有人负担得起。它的电池仅能续航半小时。上图为20世纪90年代的移动电话。

Friday | 23 July **2021**

2021年7月23日 | **星期五**

青霉素
1928年

计算机
1946年

第一颗人造地球
卫星
1957年

笨重的手机
1973年

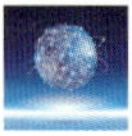

万维网
1989年

3D打印技术
2010年

万维网 1989年

英国科学家蒂姆·伯纳斯·李创建了万维网，它可以将全球的互联网资源连接在一起。人们可以利用任意一台计算机访问万维网的信息共享系统，来获取信息。

Saturday | 24 July **2021**

2021年7月24日 | **星期六**

青霉素
1928年

计算机
1946年

第一颗人造地球卫星
1957年

笨重的手机
1973年

万维网
1989年

3D打印技术
2010年

3D打印技术 2010年

3D打印技术诞生于美国，自20世纪80年代起，人们开始利用3D打印技术根据数字信息逐层打印三维物体模型。第一辆3D打印汽车Urbee出现于2010年。

Sunday | 25 July **2021**

2021年7月25日 | **星期日**

周末思维训练

向左还是向右？

请试着用“单手法则”（选择一个方向后一直贴近左侧或右侧墙壁前进）通过这个略复杂的迷宫。通过后，换另一侧再试一次，看看哪条路线用时更短。

Monday | 26 July **2021**

2021年7月26日 | **星期一**

计算机器

最早的计算机器是用来计算数字的，这对商品买卖至关重要。经过科学家的创造和不断改进，最终现代计算机诞生了。

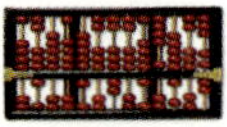

算盘
约11世纪

加法器
1642年

巴贝奇的差分机
1822年

穿孔制表机
1886年

电子管
1906年

微芯片
1971年

算盘 约11世纪

中国古代发明的算盘是世界上最早的计算工具。

Tuesday | 27 July **2021**

2021年7月27日 | **星期二**

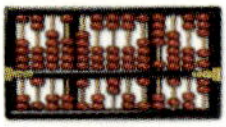

算盘
约11世纪

加法器
1642年

巴贝奇的差分机
1822年

穿孔制表机
1886年

电子管
1906年

微芯片
1971年

2021年7月27日

J U L Y

农历六月十八

27

19 20 21 22 23 24 25 26 27 28 29 30 31

加法器 1642年

布莱斯·帕斯卡发明了一种机械计算器，叫作加法器。

Wednesday | 28 July **2021**

2021年7月28日 | **星期三**

算盘
约11世纪

加法器
1642年

巴贝奇的差分机
1822年

穿孔制表机
1886年

电子管
1906年

微芯片
1971年

巴贝奇的差分机 1822年

英国发明家查尔斯·巴贝奇计划制造一种可以进行复杂计算的机械设备，称为差分机，并于1822年制作出差分机的模型。他设想这台机器能用于存储数据，并预测了计算机技术的发展潜能。但是，巴贝奇并没有把这台机器完全地制造出来。

Thursday | 29 July **2021**

2021年7月29日 | **星期四**

算盘
约11世纪

加法器
1642年

巴贝奇的差分机
1822年

穿孔制表机
1886年

电子管
1906年

微芯片
1971年

穿孔制表机 1886年

美国发明家赫曼·何乐礼设计了一台专门计算人口规模的机器，它被用于1890年美国人口普查的统计。穿孔制表机用电读取卡片上穿孔的信息。这个发明节省了宝贵的时间和资金。

Friday | 30 July **2021**

2021年7月30日 | **星期五**

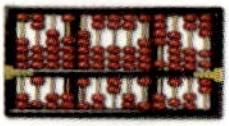

算盘
约11世纪

加法器
1642年

巴贝奇的差分机
1822年

穿孔制表机
1886年

电子管
1906年

微芯片
1971年

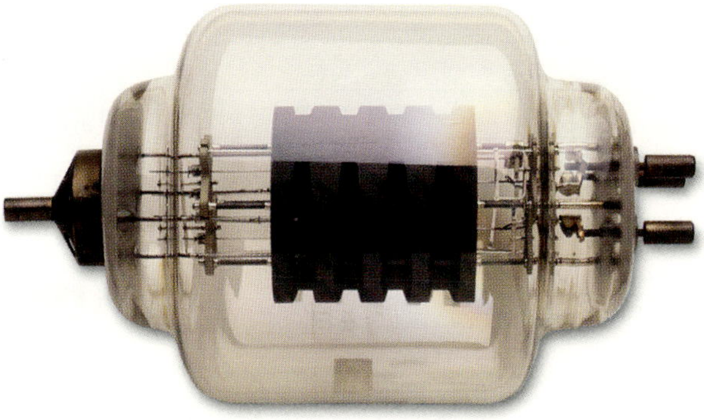

电子管 1906年

电子管是第一代电子计算机的重要组成器件。

Saturday | 31 July **2021**

2021年7月31日 | **星期六**

算盘
约11世纪

加法器
1642年

巴贝奇的差分机
1822年

穿孔制表机
1886年

电子管
1906年

微芯片
1971年

微芯片 1971年

1971年，第一个单芯片微处理器——英特尔4004诞生。

Sunday | 01 August **2021**

2021年8月1日 | **星期日** | 建军节

周末思维训练

5变4

右图是由16把铲子组成的5个正方形。你能在只移动两把铲子，而且不能拿走任何铲子的情况下，将5个正方形变成4个正方形吗？

2021年8月1日

AUGUST

农历六月廿三

01

19 20 21 22 23 24 25 26 27 28 29 30 31

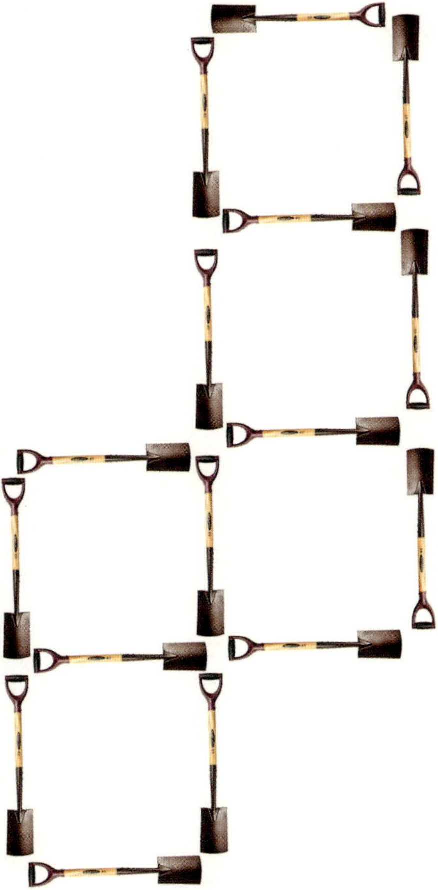

Monday | 02 August **2021**

2021年8月2日 | **星期一**

机器人的故事

几个世纪以来，人们一直沉迷于研究机械设备——机器人。人们可以对这种设备进行编程，使它们以特定的方式执行任务。20世纪，科技的进步引发了一场机器人革命。许多发明家受科幻小说启发，创造了很多不可思议且复杂的机器人，以在人们工作和娱乐时提供帮助。

Elektro和Sparko
1939年

Shakey
1966年

AIBO和ASIMO
1999—2000年

Baxter
2012年

公民索菲亚
2017年

机器人后空翻
2017年

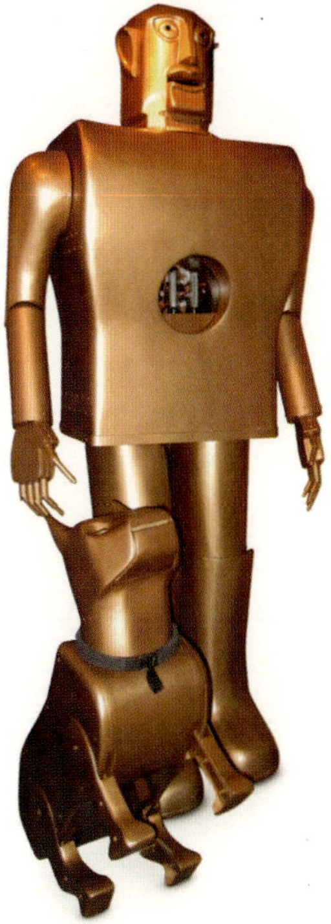

Elektro和Sparko 1939年

美国一家公司为纽约世界博览会建造了一个名为Elektro、高2.1米的机器人。它利用滚动的轮子行动，能移动手指和手臂，词汇量达700个（在黑胶唱片上预先录制）。它的机器狗Sparko会吠叫和摇尾巴。

Tuesday | 03 August **2021**

2021年8月3日 | **星期二**

Elektro和
Sparko
1939年

Shakey
1966年

AIBO和ASIMO
1999—2000年

Baxter
2012年

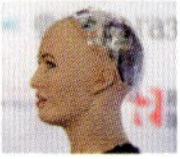

公民索菲亚
2017年

机器人后空翻
2017年

Shakey 1966年

人工智能机器人Shakey能观察周围环境并规划行动路线。1970年发表的一篇杂志文章中，它被称为“第一个电子人”，这也许有些夸张，但这个以其摇摇晃晃走路方式命名的机器人的确闻名于世。

Wednesday | 04 August **2021**

2021年8月4日 | **星期三**

Elektro和Sparko 1939年

Shakey 1966年

AIBO和ASIMO 1999—2000年

Baxter 2012年

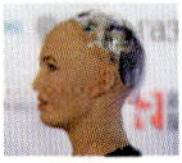

公民索菲亚 2017年

机器人后空翻 2017年

AIBO和ASIMO 1999—2000年

日本索尼公司发明了一款能与人和环境等进行互动、玩耍并具有学习能力的机器狗——AIBO。2000年，本田公司又发明了一款能行走、爬楼梯，且能改变行走方向的仿人机器人——ASIMO（见上图）。

Thursday | 05 August **2021**

2021年8月5日 | **星期四**

Elektro和Sparko 1939年

Shakey 1966年

AIBO和ASIMO 1999—2000年

Baxter 2012年

公民索菲亚 2017年

机器人后空翻 2017年

Baxter 2012年

这是一种经过编程后能移动机械臂以完成任务的工业机器人。Baxter可以记住某种动作并重复该动作来帮助人类完成工作，任何人都可以对它进行编程。

Friday | 06 August **2021**

2021年8月6日 | **星期五**

Elektro和
Sparko
1939年

Shakey
1966年

AIBO和ASIMO
1999—2000年

Baxter
2012年

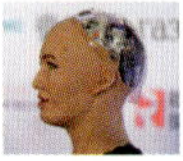

公民索菲亚
2017年

机器人后空翻
2017年

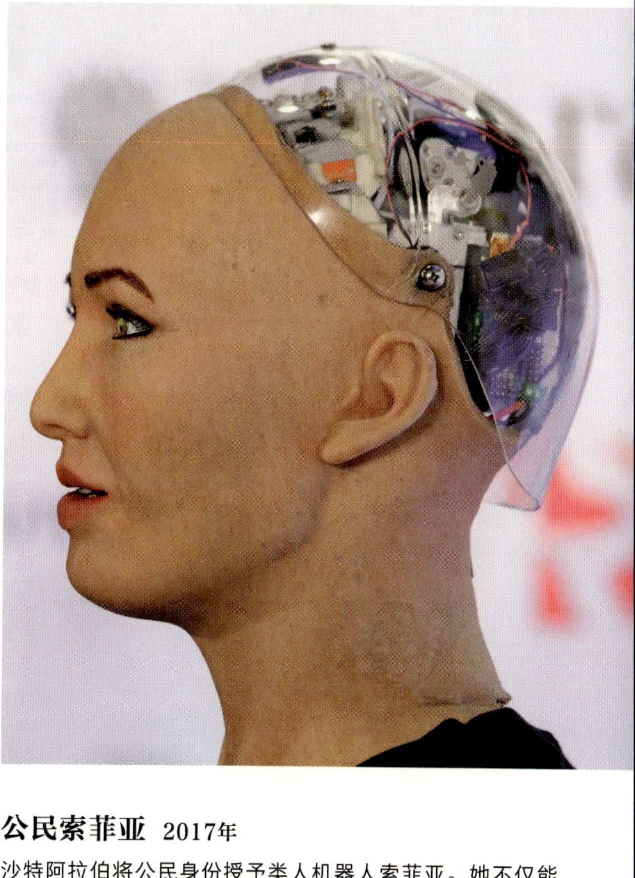

公民索菲亚 2017年

沙特阿拉伯将公民身份授予类人机器人索菲亚。她不仅能和人进行简单对话，还能表现出60多种面部表情。

Saturday | 07 August **2021**

2021年8月7日 | **星期六** | 立秋

Elektro和
Sparko
1939年

Shakey
1966年

AIBO和ASIMO
1999—2000年

Baxter
2012年

公民索菲亚
2017年

机器人后空翻
2017年

机器人后空翻 2017年

一直以来开发两足行走的人形机器人具有很大难度，但2017年11月美国波士顿动力公司发布了一段人形机器人Atlas做后空翻的视频，这意味着机器人运动进入了一个新时代。人们希望Atlas的力量和敏捷性能在未来的搜救行动中发挥作用。

Sunday | 08 August **2021**

2021年8月8日 | **星期日**

周末思维训练

令人费解的金字塔

请在右图中标有问号的砖块上填数字，使每块砖块上都有一个数字，而且这个数字是其下面相邻两块砖块上数字的和。

2021年8月8日
AUGUST
农历七月初一

08

19 20 21 22 23 24 25 26 27 28 29 30 31

Monday | 09 August **2021**

2021年8月9日 | **星期一**

汽车

第一辆汽车发明于19世纪末。早期汽车速度缓慢，形似敞篷马车，被称为“不用马拉的马车”。而今天的汽车速度快，可用汽油、柴油或电力驱动。

奔驰汽车
1886年

梅赛德斯
Simplex 60马力
1903年

阿盖尔折叠式
汽车
1910年

宾利4.5升
1928年

雪铁龙牵引先锋
1934年

梅赛德斯-奔驰
300SL“鸥翼”
1954年

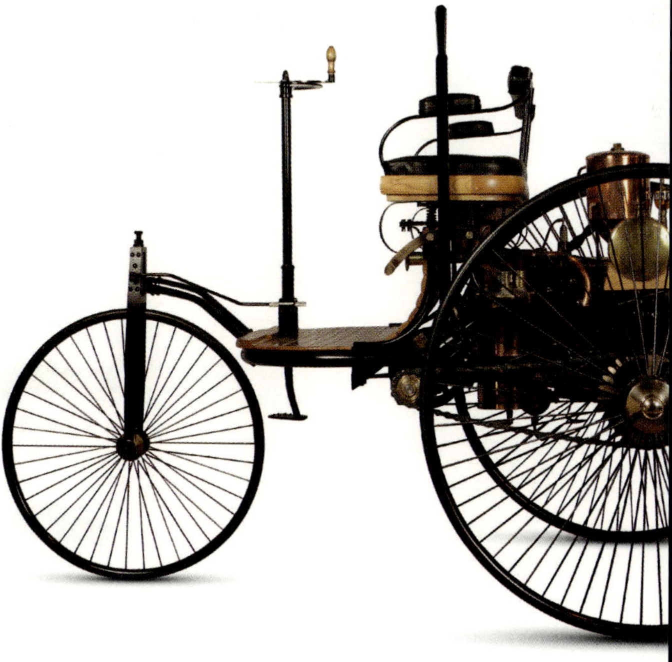

奔驰汽车 1886年

奔驰专利1号车是第一辆以汽油为燃料的汽车。

Tuesday | 10 August **2021**

2021年8月10日 | **星期二**

奔驰汽车
1886年

梅赛德斯
Simplex 60马力
1903年

阿盖尔折叠式
汽车
1910年

宾利4.5升
1928年

雪铁龙牵引先锋
1934年

梅赛德斯-奔驰
300SL“鸥翼”
1954年

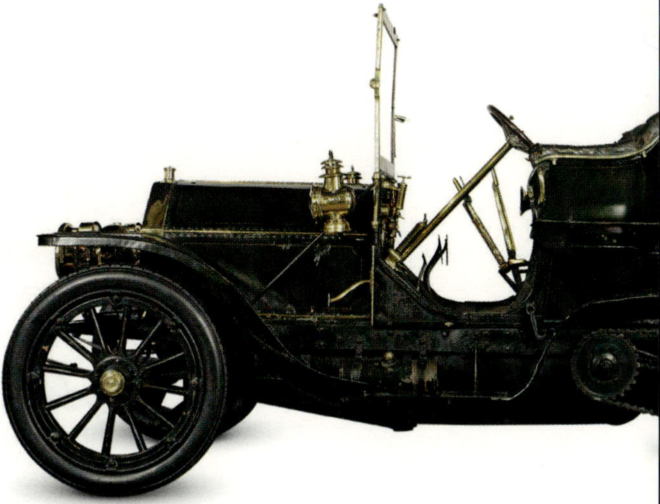

梅赛德斯Simplex 60马力 1903年

梅赛德斯Simplex 60马力的行驶速度可达120千米/小时。

Wednesday | 11 August 2021

2021年8月11日 | 星期三

奔驰汽车
1886年

梅赛德斯
Simplex 60马力
1903年

阿盖尔折叠式
汽车
1910年

宾利4.5升
1928年

雪铁龙牵引先锋
1934年

梅赛德斯-奔驰
300SL“鸥翼”
1954年

阿盖尔折叠式汽车 1910年

苏格兰阿盖尔汽车公司获得了第一个四轮制动系统专利。

Thursday | 12 August **2021**

2021年8月12日 | **星期四**

奔驰汽车
1886年

梅赛德斯
Simplex 60马力
1903年

阿盖尔折叠式
汽车
1910年

宾利4.5升
1928年

雪铁龙牵引先锋
1934年

梅赛德斯-奔驰
300SL“鸥翼”
1954年

宾利4.5升 1928年

曾有选手驾驶宾利汽车赢得了勒芒大赛冠军。

Friday | 13 August **2021**

2021年8月13日 | **星期五**

奔驰汽车
1886年

梅赛德斯
Simplex 60马力
1903年

阿盖尔折叠式
汽车
1910年

宾利4.5升
1928年

雪铁龙牵引先锋
1934年

梅赛德斯-奔驰
300SL“鸥翼”
1954年

雪铁龙牵引先锋 1934年

雪铁龙12号，也被称为雪铁龙牵引先锋，是第一辆大规模生产的前轮驱动汽车。

Saturday | 14 August **2021**

2021年8月14日 | **星期六** | 七夕节

奔驰汽车
1886年

梅赛德斯
Simplex 60马力
1903年

阿盖尔折叠式
汽车
1910年

宾利4.5升
1928年

雪铁龙牵引先锋
1934年

梅赛德斯-奔驰
300SL“鸥翼”
1954年

梅赛德斯-奔驰300SL“鸥翼” 1954年

梅赛德斯-奔驰300SL“鸥翼”是第一辆行驶速度超过241千米/小时的汽车。

Sunday | 15 August 2021

2021年8月15日 | 星期日

周末思维训练

不同的角度

右图中的9个三维图形看起来各不相同，但其中有两个是相同的。你能找出那两个相同的图形吗？请你试着想象自己正从不同的角度观察。

2021年8月15日
AUGUST
农历七月初八

15

19 20 21 22 23 24 25 26 27 28 29 30 31

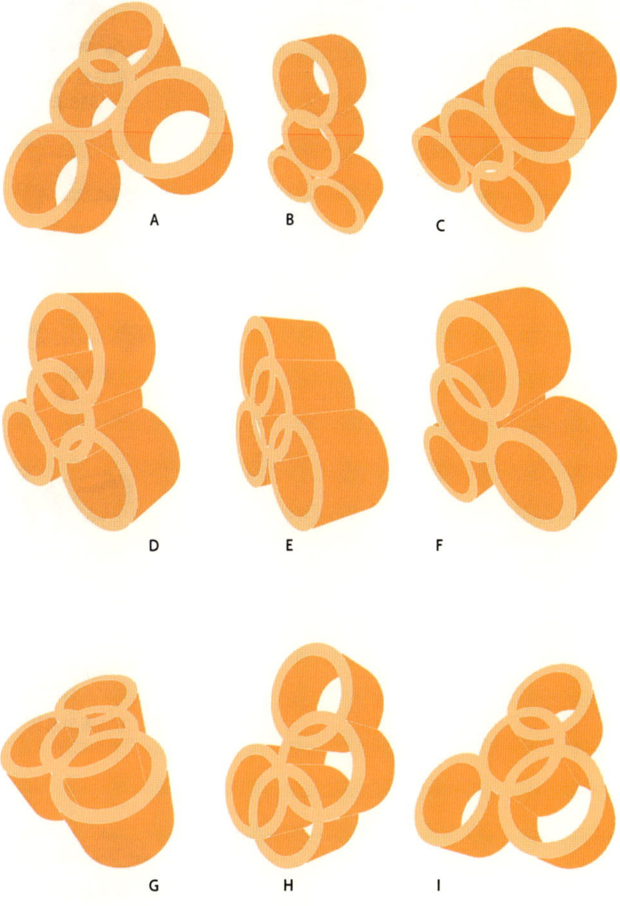

Monday | 16 August **2021**

2021年8月16日 | **星期一**

阿斯顿·马丁
1958年

迷你汽车
1959年

豪华跑车
1966年

三元催化器
1973年

燃油喷射系统
1982年

混合动力汽车
1997年

阿斯顿·马丁 1958年

阿斯顿·马丁DB4的行驶速度可达227千米/小时。

Tuesday | 17 August **2021**

2021年8月17日 | **星期二**

阿斯顿·马丁
1958年

迷你汽车
1959年

豪华跑车
1966年

三元催化器
1973年

燃油喷射系统
1982年

混合动力汽车
1997年

迷你汽车 1959年

节省空间的迷你汽车提升了经济型汽车的吸引力。

Wednesday | 18 August **2021**

2021年8月18日 | **星期三**

阿斯顿·马丁
1958年

迷你汽车
1959年

豪华跑车
1966年

三元催化器
1973年

燃油喷射系统
1982年

混合动力汽车
1997年

豪华跑车 1966年

兰博基尼是意大利一家著名的汽车生产公司，由费鲁吉欧·兰博基尼创立，该公司主要生产顶级豪华跑车。豪华跑车在全球范围都备受瞩目，但只有少数人有能力购买。

Thursday | 19 August **2021**

2021年8月19日 | **星期四**

阿斯顿·马丁
1958年

迷你汽车
1959年

豪华跑车
1966年

三元催化器
1973年

燃油喷射系统
1982年

混合动力汽车
1997年

三元催化器 1973年

三元催化器可以把汽车排出的尾气中的有害气体通过氧化和还原反应转变为无害的二氧化碳、水和氮气，以减少污染物的排放。

Friday | 20 August **2021**

2021年8月20日 | **星期五**

阿斯顿·马丁
1958年

迷你汽车
1959年

豪华跑车
1966年

三元催化器
1973年

燃油喷射系统
1982年

混合动力汽车
1997年

燃油喷射系统 1982年

博世（Bosch）公司生产出了第一个全电子燃油喷射系统。

Saturday | 21 August **2021**

2021年8月21日 | **星期六**

阿斯顿·马丁
1958年

迷你汽车
1959年

豪华跑车
1966年

三元催化器
1973年

燃油喷射系统
1982年

混合动力汽车
1997年

混合动力汽车 1997年

1997年上市的丰田普锐斯是当时最成功的也是最早的混合动力汽车之一。它由汽油发动机和电动发动机驱动，协同增效的同时也减少了有害气体的排放。2012年，丰田混合动力汽车全球累计销量突破100万辆。

Sunday | 22 August **2021**

2021年8月22日 | **星期日**

周末思维训练

令人费解的形状

只允许直着切3刀，如何将甜甜圈分成12份？

2021年8月22日

A U G U S T

农 历 七 月 十 五

22

19 20 21 22 23 24 25 26 27 28 29 30 31

Monday | 23 August **2021**

2021年8月23日 | **星期一** | 处暑

摩托车

19世纪末，摩托车开始出现。当时的发明家发现了用燃料发动机为摩托车提供动力的方法。

戴姆勒摩托车
1885年

希尔德布兰德&沃尔夫穆勒摩托车
1894年

NLG摩托车
1908年

第一代迷你踏板摩托车
1936年

本田CB750
1969年

凯旋雷鸟1600
2010年

戴姆勒摩托车 1885年

德国发明家戈特利布·戴姆勒和威廉·迈巴赫研发并制造了一辆以汽油为动力的木制摩托车。

Tuesday | 24 August **2021**

2021年8月24日 | **星期二**

戴姆勒摩托车 1885年

希尔德布兰德&沃尔夫穆勒摩托车 1894年

NLG摩托车 1908年

第一代迷你踏板摩托车 1936年

本田CB750 1969年

凯旋雷鸟1600 2010年

希尔德布兰德&沃尔夫穆勒摩托车 1894年

希尔德布兰德&沃尔夫穆勒摩托车是世界上首辆量产型摩托车。

Wednesday | 25 August **2021**

2021年8月25日 | **星期三**

戴姆勒摩托车
1885年

希尔德布兰德&沃尔夫穆勒摩托车
1894年

NLG摩托车
1908年

第一代迷你踏板摩托车
1936年

本田CB750
1969年

凯旋雷鸟1600
2010年

NLG摩托车 1908年

首届摩托车大赛在英国布鲁克兰兹的萨里举行，冠军得主驾驶的是一辆排量为944mL的NLG标致摩托车。

Thursday | 26 August **2021**

2021年8月26日 | **星期四**

戴姆勒摩托车
1885年

希尔德布兰德&沃尔夫穆勒摩托车
1894年

NLG摩托车
1908年

第一代迷你踏板摩托车
1936年

本田CB750
1969年

凯旋雷鸟1600
2010年

第一代迷你踏板摩托车 1936年

第一代迷你踏板摩托车诞生于美国。后来库什曼摩托车公司改装、制造了大量军用迷你摩托车，并用于第二次世界大战中。

Friday | 27 August **2021**

2021年8月27日 | **星期五**

戴姆勒摩托车
1885年

希尔德布兰德&沃尔夫穆勒摩托车
1894年

NLG摩托车
1908年

第一代迷你踏板摩托车
1936年

本田CB750
1969年

凯旋雷鸟1600
2010年

本田CB750 1969年

本田推出了世界上第一辆“超级摩托车”——本田CB750。这是第一辆拥有顶置凸轮轴四缸发动机和盘式制动系统等配置的摩托车。

Saturday | 28 August **2021**

2021年8月28日 | **星期六**

戴姆勒摩托车
1885年

希尔德布兰德&沃尔夫穆勒摩托车
1894年

NLG摩托车
1908年

第一代迷你踏板摩托车
1936年

本田CB750
1969年

凯旋雷鸟1600
2010年

凯旋雷鸟1600 2010年

当凯旋雷鸟1600从生产线上下线时，应用平行双引擎技术的新一代摩托车出现了。

Sunday | 29 August **2021**

2021年8月29日 | **星期日**

周末思维训练

在环内还是环外?

右图看起来像个迷宫，但实际上是用白线围成了一个大型环形圈。图中的大多数绿色圆点是在环内还是在环外呢?

2021年8月29日

AUGUST

农历七月廿二

29

19 20 21 22 23 24 25 26 27 28 29 30 31

Monday | 30 August **2021**

2021年8月30日 | **星期一**

拖拉机

1869年，美国成功制造出第一辆拖拉机，至今已经有了很长的历史。美国的第一辆蒸汽拖拉机转向时还要由马匹拉动。

霍恩斯比-阿克罗伊德拖拉机
1896年

麦克唐纳拖拉机
1908年

帕维奇-美国拖拉机
1913－1917年

福特森F型拖拉机
1918年

卡特彼勒60型拖拉机
1931年

Doe Triple-D型四驱拖拉机
1964年

霍恩斯比-阿克罗伊德拖拉机 1896年

霍恩斯比-阿克罗伊德拖拉机是英国第一辆由汽油驱动的拖拉机。

Tuesday | 31 August **2021**

2021年8月31日 | **星期二**

霍恩斯比-阿克
罗伊德拖拉机
1896年

麦克唐纳拖拉机
1908年

帕维奇-美国
拖拉机
1913-1917年

福特森F型拖拉机
1918年

卡特彼勒60型
拖拉机
1931年

Doe Triple-D型
四驱拖拉机
1964年

麦克唐纳拖拉机 1908年

1908年，澳大利亚生产出第一辆麦克唐纳拖拉机。

Wednesday | 01 September **2021**

2021年9月1日 | **星期三**

霍恩斯比-阿克罗伊德拖拉机
1896年

麦克唐纳拖拉机
1908年

帕维奇-美国拖拉机
1913—1917年

福特森F型拖拉机
1918年

卡特彼勒60型拖拉机
1931年

Doe Triple-D型四驱拖拉机
1964年

帕维奇-美国拖拉机 1913—1917年

欧洲国家当时正为第一次世界大战做准备，意大利帕维奇公司意识到军用拖拉机的需求很大，于是制造出了帕维奇-美国拖拉机，用来取代马匹运输物资。

Thursday | 02 September **2021**

2021年9月2日 | **星期四**

霍恩斯比-阿克罗伊德拖拉机
1896年

麦克唐纳拖拉机
1908年

帕维奇-美国拖拉机
1913—1917年

福特森F型拖拉机
1918年

卡特彼勒60型拖拉机
1931年

Doe Triple-D型四驱拖拉机
1964年

福特森F型拖拉机 1918年

福特森F型拖拉机是世界上第一批量产且性价比高的拖拉机。

Friday | 03 September **2021**

2021年9月3日 | **星期五**

霍恩斯比-阿克罗伊德拖拉机
1896年

麦克唐纳拖拉机
1908年

帕维奇-美国拖拉机
1913—1917年

福特森F型拖拉机
1918年

卡特彼勒60型拖拉机
1931年

Doe Triple-D型四驱拖拉机
1964年

卡特彼勒60型拖拉机 1931年

卡特彼勒60型拖拉机是卡特彼勒拖拉机公司生产的第一款柴油拖拉机。

Saturday | 04 September **2021**

2021年9月4日 | **星期六**

霍恩斯比-阿克罗伊德拖拉机
1896年

麦克唐纳拖拉机
1908年

帕维奇-美国拖拉机
1913—1917年

福特森F型拖拉机
1918年

卡特彼勒60型拖拉机
1931年

Doe Triple-D型四驱拖拉机
1964年

2021年9月4日
SEPTEMBER
农历七月廿八

04

18 19 20 21 22 23 24 25 26 27 28 29 30

Doe Triple-D型四驱拖拉机 1964年

Doe Triple-D型四驱拖拉机由英国农民乔治·普莱尔制造，是世界上第一辆双牵引拖拉机。

Sunday | 05 September **2021**

2021年9月5日 | **星期日**

周末思维训练

找到饼干盒

珍妮很想吃饼干，但是她得先在右图的橱柜里找到饼干盒。橱柜里摆放的盒子上都没有标出物品名称，只贴了数字。珍妮只有一次选择机会，如果拿错了，她就吃不到饼干了。请你根据以下提示帮助珍妮吃到饼干。

提示：

- 扁豆不在橱柜最下面一排，也不在中间。
- 已知豆子和大米在同一排，豆子不在橱柜最上面一排，豆子也不在大米旁边，而大米在面粉的正下方。
- 胡椒不在右手边，胡椒盒上面的数字比面粉盒上面的数字多2，比扁豆盒上面的数字多4。

她应该选择哪个盒子？

1
2
3
4
5
6

Monday | 06 September **2021**

2021年9月6日 | **星期一**

火车的变革

自第一辆蒸汽机车问世至今，火车经历了漫长的发展历程。最早的铁路仅是用以连接邻近的城镇的短途铁路。随着时间的推移，铁路早已穿越了各个国家乃至各大洲。铁路运输已经深入当代生活的各个角落，是现代主要运输方式之一。

第一辆蒸汽机车
1804年

地铁
1863年

高速蒸汽机车
1938年

新干线
1964 年

英法海底隧道
1994年

磁悬浮列车
2015年

第一辆蒸汽机车 1804年

英国发明家理查德·特里维西克发明了世界上第一辆可以实际运作的蒸汽机车。它能以8千米/小时的速度沿铁路轨道同时运送70位乘客和9吨煤。上图为普芬比利蒸汽机车。

Tuesday | 07 September **2021**

2021年9月7日 | **星期二** | 白露

第一辆蒸汽机车
1804年

地铁
1863年

高速蒸汽机车
1938年

新干线
1964 年

英法海底隧道
1994年

磁悬浮列车
2015年

地铁 1863年

1863年1月，世界上第一条地铁在英国伦敦正式开始运行。最初的地铁以蒸汽为动力，采用木制车厢，运行第一日的载客量达38 000人次，第一年总载客量约为950万人次。上图为伦敦地铁标志。

Wednesday | 08 September **2021**

2021年9月8日 | **星期三**

第一辆蒸汽机车
1804年

地铁
1863年

高速蒸汽机车
1938年

新干线
1964 年

英法海底隧道
1994年

磁悬浮列车
2015年

高速蒸汽机车 1938年

英国制造的高速蒸汽机车——“野鸭号”的最高速度可达203千米/小时。它总共行驶了近240万千米，于1963年退役。

Thursday | 09 September **2021**

2021年9月9日 | **星期四**

第一辆蒸汽机车
1804年

地铁
1863年

高速蒸汽机车
1938年

新干线
1964 年

英法海底隧道
1994年

磁悬浮列车
2015年

新干线 1964年

绰号“子弹头列车”的日本新干线于1964年开通。新干线连接东京和大阪，列车最高运行速度可达210千米/小时，从起点出发，不到4小时就能抵达这段总长为535千米的路程的终点。

Friday | 10 September **2021**

2021年9月10日 | **星期五** | 教师节

第一辆蒸汽机车
1804年

地铁
1863年

高速蒸汽机车
1938年

新干线
1964 年

英法海底隧道
1994年

磁悬浮列车
2015年

英法海底隧道 1994年

英法海底隧道连接英国和法国，它由3条平行海底隧道组成，其中2条为火车隧道，第3条供维修和紧急情况使用。上图为欧洲隧道穿梭机车。

Saturday | 11 September **2021**

2021年9月11日 | **星期六**

第一辆蒸汽机车
1804年

地铁
1863年

高速蒸汽机车
1938年

新干线
1964 年

英法海底隧道
1994年

磁悬浮列车
2015年

磁悬浮列车 2015年

2006年中国首条磁悬浮线路上海磁悬浮列车（见上图）示范运营线开通运营。日本的JR磁悬浮列车于2015年测试的最高时速达603千米，刷新了当时载人磁悬浮列车的最高时速记录。磁悬浮列车没有车轮，它利用强大的电磁力实现列车与轨道之间无接触的悬浮与导向，并牵引列车前行。

Sunday | 12 September **2021**

2021年9月12日 | **星期日**

周末思维训练

动物园的一天

你想让家人度过一个难忘的周末吗？不如带他们去动物园吧！游玩前先做道测试题，在动物园入口处有一张地图，上面标记了所有动物的位置。快速浏览右边上方的地图，记住不同动物所在的位置，然后把这张地图遮住，根据你的记忆在右侧下方空白地图上的相应位置上写下那种动物的名字。写完可以和爸爸妈妈一起检查是不是都写对了。

Monday | 13 September 2021

2021年9月13日 | 星期一

飞上天空

15世纪，意大利艺术家列奥纳多·达·芬奇根据他对鸟类的研究，绘制出了机械飞行器的草图。在往后的400多年里，发明家们的目光依旧投向天空。但直到20世纪初，莱特兄弟发明的飞机成功起飞后，人类的航空史才真正开始。

载人热气球
1783年

莱特兄弟的飞机
1903年

横跨大西洋
1919年

埃米·约翰逊
1930年

阿梅莉亚·埃尔哈特
1937年

第一款喷气式战斗机
1944年

载人热气球 1783年

法国蒙哥尔费兄弟用热气球将1只羊、1只鸡和1只鸭送上了天空。后来，蒙哥尔费兄弟用热气球实现了世界上首次载人飞行。

Tuesday | 14 September **2021**

2021年9月14日 | **星期二**

载人热气球
1783年

莱特兄弟的飞机
1903年

横跨大西洋
1919年

埃米 · 约翰逊
1930年

阿梅莉亚 · 埃尔哈特
1937年

第一款喷气式战斗机
1944年

莱特兄弟的飞机 1903年

莱特兄弟成功试飞世界上第一架依靠自身动力飞行且机身比空气重的飞机。它持续飞行了12秒，飞行距离为36.5米。

Wednesday | 15 September **2021**

2021年9月15日 | **星期三**

载人热气球
1783年

莱特兄弟的
飞机
1903年

横跨大西洋
1919年

埃米·约翰逊
1930年

阿梅莉亚·
埃尔哈特
1937年

第一款喷气式战
斗机
1944年

横跨大西洋 1919年

英国飞行员约翰·阿尔科克和亚瑟·布朗完成了人类首次中途不着陆横跨大西洋的飞行。他们在不到16小时的时间里飞行了3040千米。上图为柯蒂斯研制的NC4飞机。

Thursday | 16 September **2021**

2021年9月16日 | **星期四**

载人热气球
1783年

莱特兄弟的
飞机
1903年

横跨大西洋
1919年

埃米 · 约翰逊
1930年

阿梅莉亚 ·
埃尔哈特
1937年

第一款喷气式战
斗机
1944年

埃米·约翰逊 1930年

首位独自从英国飞至澳大利亚的女性埃米·约翰逊出发时驾驶的是一架名为“杰森”的吉普赛蛾式教练机（见上图），但只驾驶它从伦敦飞到了赫尔，之后她换了一架更适合休闲飞行的小型低功率双翼飞机完成了长达18 000千米的旅程。

Friday | 17 September **2021**

2021年9月17日 | **星期五**

载人热气球
1783年

莱特兄弟的
飞机
1903年

横跨大西洋
1919年

埃米 · 约翰逊
1930年

阿梅莉亚 ·
埃尔哈特
1937年

第一款喷气式战
斗机
1944年

阿梅莉亚·埃尔哈特 1937年

美国飞行员阿梅莉亚·埃尔哈特是首位独自飞越大西洋的女性。1937年，她从美国加利福尼亚州的奥克兰机场起飞，开始环球飞行。但在环球飞行途中，她神秘失踪了。

Saturday | 18 September **2021**

2021年9月18日 | **星期六**

载人热气球
1783年

莱特兄弟的
飞机
1903年

横跨大西洋
1919年

埃米·约翰逊
1930年

阿梅莉亚·
埃尔哈特
1937年

第一款喷气式战
斗机
1944年

第一款喷气式战斗机 1944年

1944年7月，英国格罗斯特公司研制出世界上第一款投入实战的喷气式战斗机——流星战斗机Mk1，而后德国制造出了与它齐名的梅塞施米特Me262喷气式战斗机。上图为格罗斯特研制的流星F Mk8战斗机。

Sunday | 19 September **2021**

2021年9月19日 | **星期日**

周末思维训练

一次只能通过两个人

两兄弟和他们的父亲及祖父在去火车站的途中必须要通过一座狭窄的旧桥。这座桥一次只能通过两个人，且必须在有手电筒照明的情况下才能安全通过。他们只有一个手电筒，所以其中两人过桥后，还需要有一个人将手电筒送回给还没过桥的人。注意，这4个人过桥所需要的时间不一样。

- 哥哥需要1分钟。
- 弟弟需要2分钟。
- 父亲需要5分钟。
- 祖父需要10分钟。

每次过桥的速度只能与两人中过桥速度较慢的人保持一致，如果17分钟内（包括17分钟）他们能安全通过此桥，就可以赶得上火车。请问4个人该如何过桥才能赶得上火车呢?

2021年9月19日
SEPTEMBER
农历八月十三

19

18 19 20 21 22 23 24 25 26 27 28 29 30

Monday | 20 September **2021**

2021年9月20日 | **星期一**

商用喷气式飞机
1952年

最快的有人驾驶的客机
1967年

超音速客机
1969年

最快的喷气式飞机
1976年

最重的飞机
1988年

最大的客机
2005年

商用喷气式飞机 1952年

经过3年的测试，世界上第一架商用喷气式飞机——DH106哈维兰彗星型客机正式投入航线运营。与其他飞机相比，它的飞行速度更快，载客量更大。

Tuesday | 21 September **2021**

2021年9月21日 | **星期二** | 中秋节

商用喷气式飞机
1952年

最快的有人驾驶的飞机
1967年

超音速客机
1969年

最快的喷气式飞机
1976年

最重的飞机
1988年

最大的客机
2005年

最快的有人驾驶的飞机 1967年

X-15是一架高超音速飞机，装备有火箭发动机，速度可达7274千米/小时，接近音速的7倍。它一直保持着有人驾驶飞机的最高时速记录。

Wednesday | 22 September **2021**

2021年9月22日 | **星期三**

商用喷气式飞机
1952年

最快的有人驾驶的飞机
1967年

超音速客机
1969年

最快的喷气式飞机
1976年

最重的飞机
1988年

最大的客机
2005年

超音速客机 1969年

法国和英国联合研制的超音速客机——协和式飞机于1969年首次起飞，它由涡轮喷气发动机提供动力，最高速度可达两倍音速，于2003年退役。

Thursday | 23 September **2021**

2021年9月23日 | **星期四** | 秋分

商用喷气式飞机
1952年

最快的有人驾驶的飞机
1967年

超音速客机
1969年

最快的喷气式飞机
1976年

最重的飞机
1988年

最大的客机
2005年

最快的喷气式飞机 1976年

美国洛克希德·马丁公司研制的SR-71A侦察机，绰号为“黑鸟”。它的飞行速度可达3529.46千米/小时，创造了有人驾驶的喷气式飞机的官方速度世界记录。

Friday | 24 September **2021**

2021年9月24日 | **星期五**

商用喷气式飞机
1952年

最快的有人驾驶的飞机
1967年

超音速客机
1969年

最快的喷气式飞机
1976年

最重的飞机
1988年

最大的客机
2005年

最重的飞机 1988年

苏联安东诺夫设计局研制出了由6个发动机驱动的安-225运输机，它是目前世界上最大、最重的飞机，在当时用于运送苏联重250吨的“暴风雪号”航天飞机。

Saturday | 25 September **2021**

2021年9月25日 | **星期六**

商用喷气式飞机
1952年

最快的有人驾驶的飞机
1967年

超音速客机
1969年

最快的喷气式飞机
1976年

最重的飞机
1988年

最大的客机
2005年

最大的客机 2005年

世界上最大、最重的客机A380于2005年首次升空。它由4台罗耳斯-罗伊斯发动机驱动，可载客853名。

Sunday | 26 September **2021**

2021年9月26日 | **星期日**

周末思维训练

找不同

仔细观察右页上方的图片，限时30秒，然后把它遮住，并在下方的图片中圈出与上方图片的6个不同之处。

2021年9月26日
SEPTEMBER
农历八月二十

26

18 19 20 21 22 23 24 25 26 27 28 29 30

Monday | 27 September **2021**

2021年9月27日 | **星期一**

建筑工程

如果没有工程师，就不可能建造出桥梁、隧道和摩天大楼等大型且结构复杂的建筑。工程师用科学知识和数学知识使建筑物能够承受自身巨大的重量，确保其稳定、安全。历史证明，设计精良的建筑能够在历史长河中屹立数百年。

万神殿
公元120年

英国铁桥
1781年

伦敦地铁线
1863年

埃菲尔铁塔
1889年

胡佛水坝
1931—1936年

人工岛
2001—2007年

万神殿 **公元120年**

万神殿位于罗马，是一座由古罗马人建造的庙宇，用混凝土建造而成。它的穹顶是一个近乎完美的半球。殿内无一根支柱，由下半部的墙壁独自支撑着重4500吨的屋顶。它迄今已有1900年历史。

Tuesday | 28 September **2021**

2021年9月28日 | **星期二**

万神殿
公元120年

英国铁桥
1781年

伦敦地铁线
1863年

埃菲尔铁塔
1889年

胡佛水坝
1931—1936年

人工岛
2001—2007年

英国铁桥 1781年

世界上第一座铸铁桥在英国落成，它横跨塞文河，被认为是建筑工程历史上的一项奇迹。铁桥由近1700个独立的部分组成，每个部分都由熔铁铸造而成。

Wednesday | 29 September **2021**

2021年9月29日 | **星期三**

万神殿
公元120年

英国铁桥
1781年

伦敦地铁线
1863年

埃菲尔铁塔
1889年

胡佛水坝
1931—1936年

人工岛
2001—2007年

2021年9月29日
SEPTEMBER
农历八月廿三

29

18 19 20 21 22 23 24 25 26 27 28 29 30

伦敦地铁线 1863年

世界上第一条地铁线路在英国伦敦建成，名为大都会线。这条地铁现已有12条地铁线路，并形成了总长超过400千米的城市地铁网络。

Thursday | 30 September **2021**

2021年9月30日 | **星期四**

万神殿
公元120年

英国铁桥
1781年

伦敦地铁线
1863年

埃菲尔铁塔
1889年

胡佛水坝
1931—1936年

人工岛
2001—2007年

埃菲尔铁塔 1889年

法国工程师古斯塔夫·埃菲尔在巴黎设计建成了埃菲尔铁塔。之后的41年里，埃菲尔铁塔一直是世界上最高的建筑。这座独特的建筑由18 038块钢铁构件、259万枚铆钉以及其他大量金属部件组成。

Friday | 01 October **2021**

2021年10月1日 | **星期五** | 国庆节

万神殿
公元120年

英国铁桥
1781年

伦敦地铁线
1863年

埃菲尔铁塔
1889年

胡佛水坝
1931—1936年

人工岛
2001—2007年

胡佛水坝 1931—1936年

胡佛水坝位于美国亚利桑那州与内华达州交界的科罗拉多河上，建造过程中耗用了近700万吨混凝土。胡佛水坝拦蓄形成了美国最大的水库——米德湖（Lake Mead），蓄满这个水库至少需要6年。

Saturday | 02 October **2021**

2021年10月2日 | **星期六**

万神殿
公元120年

英国铁桥
1781年

伦敦地铁线
1863年

埃菲尔铁塔
1889年

胡佛水坝
1931—1936年

人工岛
2001—2007年

人工岛 2001—2007年

朱美拉棕榈岛是建立在迪拜的一座人工岛群，它和其余两座岛群组成了世界上最大的人工岛群。它由沙子和岩石建造而成，岛上建有28家酒店和超过1700座海滨别墅。

Sunday | 03 October **2021**

2021年10月3日 | **星期日**

周末思维训练

黑色还是白色？

艾米、贝丝和克莱尔都戴着帽子，帽子只有黑、白两种颜色。3人已知3顶帽子不全为白色，且艾米知道贝丝和克莱尔的帽子颜色，贝丝知道艾米和克莱尔的帽子颜色，克莱尔被蒙上了眼睛，不知道任何人帽子的颜色。然后3人依次回答是否知道自己帽子的颜色，艾米的回答是“不知道”，听了艾米的回答，贝丝的回答也是“不知道”，听完两人的回答，克莱尔说知道自己帽子的颜色。请问克莱尔的帽子是什么颜色？她是怎么知道自己帽子颜色的呢？

2021年10月3日
O C T O B E R
农 历 八 月 廿 七

03

19 20 21 22 23 24 25 26 27 28 29 30 31

Monday | 04 October **2021**

2021年10月4日 | **星期一**

雄伟的建筑

历史上第一批雄伟的建筑是人们为了祭祀或抵御侵略而建造的。在近代，许多雄伟的建筑都是公共建筑，比如画廊和博物馆，以及高耸的办公楼和酒店。

金字塔和狮身人面像
约公元前2560年

长城
约公元前700年

帕特农神庙
公元前432年

罗马竞技场
公元80年

吴哥窟
1113年

天坛
1420年

金字塔和狮身人面像 约公元前2560年

胡夫金字塔、哈夫拉金字塔和孟卡拉金字塔并称为“吉萨三大金字塔”。哈夫拉金字塔的附近有一座雕刻着法老哈夫拉的面部、身体却像狮子的雕像，被称为狮身人面像。

Tuesday | 05 October **2021**

2021年10月5日 | **星期二**

金字塔和狮身人面像
约公元前2560年

长城
约公元前700年

帕特农神庙
公元前432年

罗马竞技场
公元80年

吴哥窟
1113年

天坛
1420年

长城 约公元前700年

长城是中国古代为抵御塞北游牧部落侵袭而修筑的。中国古代的很多君王都曾修过长城。现在，长城的总长度已经达到约21 197千米。

Wednesday | 06 October **2021**

2021年10月6日 | **星期三**

金字塔和狮身人面像
约公元前2560年

长城
约公元前700年

帕特农神庙
公元前432年

罗马竞技场
公元80年

吴哥窟
1113年

天坛
1420年

帕特农神庙 公元前432年

帕特农神庙的建造者希望将这座供奉雅典娜女神的神庙打造成古希腊最令人震撼的神庙，如今它被认为是古代建筑史上最伟大的丰碑之一。帕特农神庙伫立着许多装饰着浮雕的石柱。

Thursday | 07 October **2021**

2021年10月7日 | **星期四**

金字塔和狮身人面像
约公元前2560年

长城
约公元前700年

帕特农神庙
公元前432年

罗马竞技场
公元80年

吴哥窟
1113年

天坛
1420年

罗马竞技场 公元80年

也叫罗马斗兽场，是古罗马帝国专供奴隶主、贵族和自由民观看斗兽或奴隶角斗的地方。罗马竞技场是一座独立的建筑，共有3层，每层有80个由混凝土制成的筒形拱。

Friday | 08 October **2021**

2021年10月8日 | **星期五** | 寒露

金字塔和狮身人面像
约公元前2560年

长城
约公元前700年

帕特农神庙
公元前432年

罗马竞技场
公元80年

吴哥窟
1113年

天坛
1420年

吴哥窟 1113年

吴哥王朝国王苏雅瓦曼二世在柬埔寨修建了吴哥窟。吴哥窟自开始修建到竣工花费了超过30年时间，至今仍是世界上最大的庙宇类建筑。

Saturday | 09 October **2021**

2021年10月9日 | **星期六**

金字塔和狮身人面像
约公元前2560年

长城
约公元前700年

帕特农神庙
公元前432年

罗马竞技场
公元80年

吴哥窟
1113年

天坛
1420年

2021年10月9日
OCTOBER
农历九月初四

09

19 20 21 22 23 24 25 26 27 28 29 30 31

天坛 1420年

天坛是明、清两代皇帝“祭天”“祈谷”的场所。最主要的建筑为祈年殿，皇帝曾在这里举行祭祀仪式。

Sunday | 10 October **2021**

2021年10月10日 | **星期日**

周末思维训练

求和

1到100的所有数字相加的和是多少？你能找到一个快速且准确得出答案的方法吗？

2021年10月10日
OCTOBER
农历九月初五

10

19 20 21 22 23 24 25 26 27 28 29 30 31

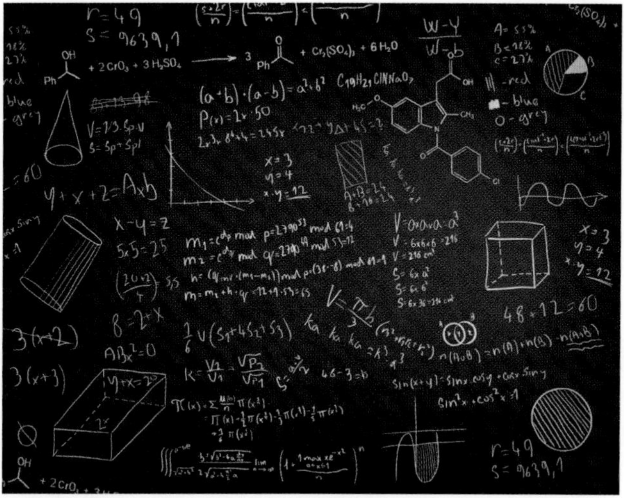

Monday | 11 October **2021**

2021年10月11日 | **星期一**

瓦西里升天教堂
1552年

英国议会大厦
1840年

帝国大厦
1930年

悉尼歌剧院
1959年

上海金茂大厦
1994年

哈利法塔
2004年

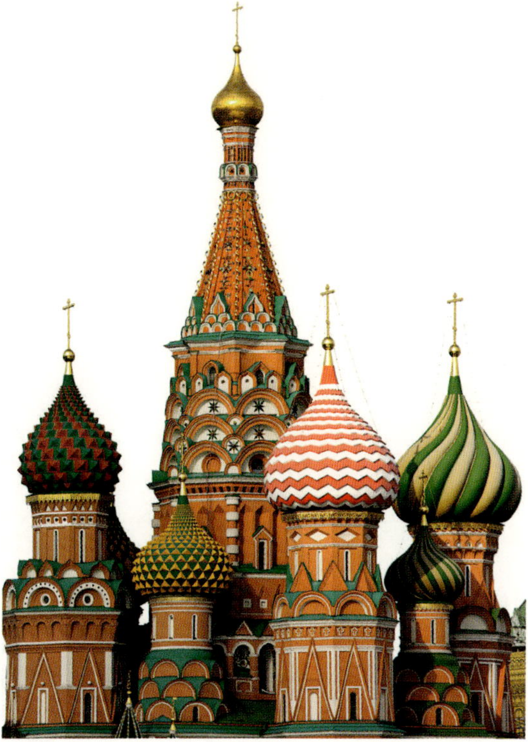

瓦西里升天教堂 1552年

瓦西里升天教堂坐落在莫斯科，建于沙皇伊凡雷帝统治时期，以其独特、多彩、华丽的外观闻名，其外形看起来像一团团冲向天空的篝火。

Tuesday | 12 October **2021**

2021年10月12日 | **星期二**

瓦西里升天教堂
1552年

英国议会大厦
1840年

帝国大厦
1930年

悉尼歌剧院
1959年

上海金茂大厦
1994年

哈利法塔
2004年

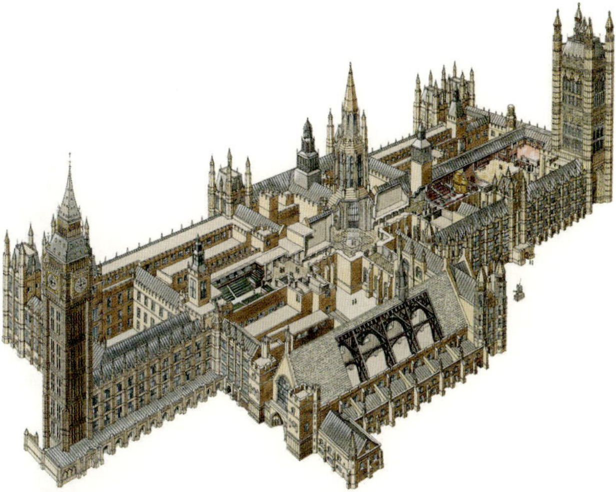

英国议会大厦 1840年

这座建筑于1834年被烧毁，1840年在旧址重建。重建时保留了许多遗迹，并使之与新哥特式建筑风格相结合。这座建筑耗费了30年才修建完成，遗憾的是设计师在工程完工前就去世了。

Wednesday | 13 October | **2021**

2021年10月13日 | **星期三**

瓦西里升天教堂
1552年

英国议会大厦
1840年

帝国大厦
1930年

悉尼歌剧院
1959年

上海金茂大厦
1994年

哈利法塔
2004年

帝国大厦 1930年

帝国大厦于1931年竣工，是美国经济大萧条时期纽约希望的象征。它的建造为失业者提供了就业机会。帝国大厦共有103层，在建成后的41年里一直是世界上最高的建筑。

Thursday | 14 October **2021**

2021年10月14日 | **星期四** | 重阳节

瓦西里升天教堂
1552年

英国议会大厦
1840年

帝国大厦
1930年

悉尼歌剧院
1959年

上海金茂大厦
1994年

哈利法塔
2004年

悉尼歌剧院 1959年

悉尼歌剧院是一座综合性文艺演出中心，由丹麦建筑师约恩·乌松设计，其风格被称为现代表现主义。这座建筑独特的帆状屋顶由约100万块可自清洁的白色釉瓷铺成。

Friday | 15 October **2021**

2021年10月15日 | **星期五**

瓦西里升天教堂
1552年

英国议会大厦
1840年

帝国大厦
1930年

悉尼歌剧院
1959年

上海金茂大厦
1994年

哈利法塔
2004年

上海金茂大厦 1994年

这座位于上海的摩天大楼是当代建筑科技与中国传统的融合，每一层都有一个宝塔式屋顶向外展开。这座塔形建筑由玻璃覆盖，并且整栋大楼垂直偏差仅2厘米，可防风抗震，第57层还配有一个带游泳池的健身中心。

Saturday | 16 October **2021**

2021年10月16日 | **星期六**

瓦西里升天教堂
1552年

英国议会大厦
1840年

帝国大厦
1930年

悉尼歌剧院
1959年

上海金茂大厦
1994年

哈利法塔
2004年

哈利法塔 2004年

2010年，哈利法塔（原名迪拜塔）在迪拜开放。该建筑高828米，人们在100千米外都能看到它。为了应对类似纽约双子塔所遭遇的袭击事件，哈利法塔每层都设有避难区，以便在突发火灾或遭遇袭击等紧急情况下为里面的人提供保护。

Sunday | 17 October **2021**

2021年10月17日 | **星期日**

周末思维训练

有几个结是真的?

右图中的白色绳子看起来像是被打了5个结，但实际上有些不会形成真正的结。请你仔细观察或准备道具自己动手操作，看看真正的结有几个。

2021年10月17日
OCTOBER
农历九月十二

17

19 20 21 22 23 24 25 26 27 28 29 30 31

Monday | 18 October **2021**

2021年10月18日 | **星期一**

伟大的哲学家

纵观历史，人们一直在追问关于世界和人类生存发展的问题。一些伟大哲学家给出了改变我们的思想的答案，而另一些哲学家则提出了新的问题，引发我们的思考和探索。

智者泰勒斯
约公元前624—公元前546年

柏拉图
公元前427—公元前347年

亚里士多德
公元前384—公元前322年

伊本·路世德
1126—1198年

托马斯·霍布斯
1588—1679年

勒内·笛卡儿
1596—1650年

智者泰勒斯 约公元前624—公元前546年

早期的希腊哲学家主要研究宇宙的形成和自然本原等问题，被称为“自然派哲学家”。例如，哲学家泰勒斯提出“万物源于水”的水本原说。

Tuesday | 19 October **2021**

2021年10月19日 | **星期二**

智者泰勒斯
约公元前624—
公元前546年

柏拉图
公元前427—
公元前347年

亚里士多德
公元前384—
公元前322年

伊本·路世德
1126—1198年

托马斯·霍布斯
1588—1679年

勒内·笛卡儿
1596—1650年

柏拉图 公元前427—公元前347年

柏拉图是苏格拉底的学生，他认为“现实世界”是“理念世界”的影子，并猜想在人类认知边界外存在一种完美的“理想形式”。

Wednesday | 20 October **2021**

2021年10月20日 | **星期三**

智者泰勒斯
约公元前624—
公元前546年

柏拉图
公元前427—
公元前347年

亚里士多德
公元前384—
公元前322年

伊本·路世德
1126—1198年

托马斯·霍布斯
1588—1679年

勒内·笛卡儿
1596—1650年

亚里士多德 公元前384—公元前322年

亚里士多德是柏拉图的学生，但他并不完全认同老师的观点。他认为只有在现实世界中实践才能获得知识。例如，我们之所以认识马，是因为在此之前见过马。

Thursday | 21 October **2021**

2021年10月21日 | **星期四**

智者泰勒斯
约公元前624—
公元前546年

柏拉图
公元前427—
公元前347年

亚里士多德
公元前384—
公元前322年

伊本·路世德
1126—1198年

托马斯·霍布斯
1588—1679年

勒内·笛卡儿
1596—1650年

伊本·路世德 1126—1198年

中世纪阿拉伯哲学家阿威罗伊研读了古希腊哲学家亚里士多德的著作，并形成了自己独特的哲学体系。

Friday | 22 October **2021**

2021年10月22日 | **星期五**

智者泰勒斯
约公元前624—
公元前546年

柏拉图
公元前427—
公元前347年

亚里士多德
公元前384—
公元前322年

伊本·路世德
1126—1198年

托马斯·霍布斯
1588—1679年

勒内·笛卡儿
1596—1650年

托马斯·霍布斯 1588—1679年

这位英国哲学家认为自私是人的天性，一个文明社会需要在法律上达成一致，并且要推选一个强有力的领导人以确保人人都遵守这些法律。

Saturday | 23 October **2021**

2021年10月23日 | **星期六** | 霜降

智者泰勒斯
约公元前624—
公元前546年

柏拉图
公元前427—
公元前347年

亚里士多德
公元前384—
公元前322年

伊本・路世德
1126—1198年

托马斯・霍布斯
1588—1679年

勒内・笛卡儿
1596—1650年

勒内·笛卡儿 1596—1650年

“我思故我在”是这位法国哲学家全部认识论哲学的起点，他是西方现代哲学思想的奠基人之一。

Sunday | 24 October **2021**

2021年10月24日 | **星期日**

周末思维训练

只出现一次的雪花

右图中有一片雪花只出现了一次，其他雪花都出现过两次。请找到并圈出只出现过一次的那片雪花。

2021年10月24日
OCTOBER
农历九月十九

24

19 20 21 22 23 24 25 26 27 28 29 30 31

Monday | 25 October **2021**

2021年10月25日 | **星期一**

伊曼努尔·康德
1724—1804年

玛丽·沃斯通
克拉夫特
1759—1797年

卡尔·马克思
1818—1883年

弗里德里
希·尼采
1844—1900年

杜波依斯
1868—1963年

路德维希·维
特根斯坦
1889—1951年

伊曼努尔·康德 1724—1804年

唯心主义哲学认为人永远无法认识世界，伊曼努尔·康德则认为人依靠感官认识世界，这意味着人无法认识事物的本来面目，只能通过视觉、感觉、听觉、味觉或嗅觉去感受它们。

Tuesday | 26 October **2021**

2021年10月26日 | **星期二**

伊曼努尔·康德
1724—1804年

玛丽·沃斯通
克拉夫特
1759—1797年

卡尔·马克思
1818—1883年

弗里德里
希·尼采
1844—1900年

杜波依斯
1868—1963年

路德维希·维
特根斯坦
1889—1951年

玛丽·沃斯通克拉夫特 1759—1797年

作为一名英国作家和教师，玛丽·沃斯通克拉夫特曾为男女平权发声。她在自己的著作《女权辩护》中指出，女孩应该和男孩一样有接受教育的权利。

Wednesday | 27 October **2021**

2021年10月27日 | **星期三**

伊曼努尔·康德
1724—1804年

玛丽·沃斯通
克拉夫特
1759—1797年

卡尔·马克思
1818—1883年

弗里德里
希·尼采
1844—1900年

杜波依斯
1868—1963年

路德维希·维
特根斯坦
1889—1951年

卡尔·马克思 1818—1883年

马克思是德国伟大的思想家、政治学家、哲学家、经济学家、革命理论家、历史学家和社会学家，他提出科学共产主义理论，是马克思主义的创始人之一，主要著作有《共产党宣言》《资本论》等。

Thursday | 28 October **2021**

2021年10月28日 | **星期四**

伊曼努尔·康德
1724—1804年

玛丽·沃斯通克拉夫特
1759—1797年

卡尔·马克思
1818—1883年

弗里德里希·尼采
1844—1900年

杜波依斯
1868—1963年

路德维希·维特根斯坦
1889—1951年

2021年10月28日
OCTOBER
农历九月廿三

28

19 20 21 22 23 24 25 26 27 28 29 30 31

弗里德里希·尼采 1844—1900年

德国作家尼采提倡人们充分发挥自己的潜能，努力成为“超人”，而不是一个普通人。

Friday | 29 October **2021**

2021年10月29日 | **星期五**

伊曼努尔·康德
1724—1804年

玛丽·沃斯通
克拉夫特
1759—1797年

卡尔·马克思
1818—1883年

弗里德里
希·尼采
1844—1900年

杜波依斯
1868—1963年

路德维希·维
特根斯坦
1889—1951年

杜波依斯 1868—1963年

杜波依斯是非裔美国历史学家、作家和社会活动家，他认为，不论其种族和性别，所有人都是平等的，应享有平等的权利。

Saturday | 30 October **2021**

2021年10月30日 | **星期六**

伊曼努尔·康德
1724—1804年

玛丽·沃斯通
克拉夫特
1759—1797年

卡尔·马克思
1818—1883年

弗里德里
希·尼采
1844—1900年

杜波依斯
1868—1963年

路德维希·维
特根斯坦
1889—1951年

路德维希·维特根斯坦 1889—1951年

分析哲学主要探究哲学本身如何受语言规则的影响。奥地利分析哲学家维特根斯坦认为人们只能谈论或书写亲身经历的事情。

Sunday | 31 October **2021**

2021年10月31日 | **星期日**

周末思维训练

平均分配

右图的建筑工地中，工人、独轮手推车和成堆的砖块交错排列着。请你在图中画4条直线，来将这个工地分成5个区域，且保证每个区域包含一个工人、一辆手推车和一堆砖块。

Monday | 01 November **2021**

2021年11月1日 | **星期一**

伟大的著作

6000年前，人们就已经开始写故事了。许多早期的故事都以诗歌的形式呈现，因为对于那些讲故事的人来说，诗歌的节奏和韵律更容易掌握。后来，出现了戏剧和小说等文学艺术形式。直到今天，纸质书籍仍是一种阅读故事的流行方式，但人们也可以通过手机、计算机等电子设备进行阅读。

古埃及《死者之书》
约公元前16世纪—公元前1世纪

印度史诗
约公元前4世纪—公元前2世纪

《罗密欧与朱丽叶》
约1595年

《红楼梦》
18世纪

《哈克贝利·费恩历险记》
1884年

《哈利·波特》
1997年

古埃及《死者之书》 约公元前16世纪—公元前1世纪

古埃及人会在莎草纸上写下咒语，并配以插图制成书籍，随死者一起埋葬，他们相信《死者之书》能帮助他们在死后的世界渡过难关、得到永生。

Tuesday | 02 November **2021**

2021年11月2日 | **星期二**

古埃及《死者之书》
约公元前16世纪—
公元前1世纪

印度史诗
约公元前4世纪—
公元前2世纪

《罗密欧与朱丽叶》
约1595年

《红楼梦》
18世纪

《哈克贝利·费恩
历险记》
1884年

《哈利·波特》
1997年

印度史诗 约公元前4世纪—公元前2世纪

《摩诃婆罗多》和《罗摩衍那》并列为印度古代两大史诗。早在成书之前，它们就以口头吟诵的方式流传。诗中不但讲述了关于印度的文化和战争的故事，还有精彩的冒险故事。上图为《摩诃婆罗多》中的战士。

Wednesday | 03 November **2021**

2021年11月3日 | **星期三**

古埃及《死者之书》
约公元前16世纪—
公元前1世纪

印度史诗
约公元前4世纪—
公元前2世纪

《罗密欧与朱丽叶》
约1595年

《红楼梦》
18世纪

《哈克贝利·费恩历险记》
1884年

《哈利·波特》
1997年

《罗密欧与朱丽叶》 约1595年

莎士比亚一生创作了37部戏剧和100多首十四行诗。《罗密欧与朱丽叶》是他创作过的著名的戏剧之一，讲述了一对年轻恋人因家族世仇而无法相守的悲剧爱情故事。

Thursday | 04 November **2021**

2021年11月4日 | **星期四**

古埃及《死者之书》
约公元前16世纪—
公元前1世纪

印度史诗
约公元前4世纪—
公元前2世纪

《罗密欧与朱丽叶》
约1595年

《红楼梦》
18世纪

《哈克贝利·费恩历险记》
1884年

《哈利·波特》
1997年

《红楼梦》 18世纪

清代作家曹雪芹的著作《红楼梦》是中国古典长篇小说四大名著之一，以贾、王、史、薛四大家族的兴衰为背景，是一部具有世界影响力的人情小说作品。

Friday | 05 November 2021

2021年11月5日 | 星期五

古埃及《死者之书》
约公元前16世纪—
公元前1世纪

印度史诗
约公元前4世纪—
公元前2世纪

《罗密欧与朱丽叶》
约1595年

《红楼梦》
18世纪

《哈克贝利·费恩
历险记》
1884年

《哈利·波特》
1997年

《哈克贝利·费恩历险记》 1884年

美国小说家马克·吐温创作的《哈克贝利·费恩历险记》生动地描绘了1850年前后美国人的生活境况，被认为是美国文学史上的经典著作。

Saturday | 06 November **2021**

2021年11月6日 | **星期六**

古埃及《死者之书》
约公元前16世纪—
公元前1世纪

印度史诗
约公元前4世纪—
公元前2世纪

《罗密欧与朱丽叶》
约1595年

《红楼梦》
18世纪

《哈克贝利·费恩历险记》
1884年

《哈利·波特》
1997年

《哈利·波特》 1997年

《哈利·波特》是英国小说家J.K.罗琳创作的关于哈利·波特和霍格沃茨魔法学校的系列小说，共7部。该系列小说现已被翻译成近80种语言，所有版本的总销量超过5亿册，成为享誉全球的畅销书籍。

Sunday | 07 November **2021**

2021年11月7日 | **星期日** | 立冬

周末思维训练

不断尝试

如右图所示，这个迷宫的部分墙壁没有相连，你需要从左边的入口进去，不断尝试，找到通往迷宫中心的路，然后从迷宫的另一边出来。

Monday | 08 November 2021

2021年11月8日 | 星期一

艺术的故事

人类在几万年前就开始画画了。过去，人们直接在洞穴、寺庙或房屋的墙壁上作画。随着时间的推移，艺术家开创了不同的绘画风格，发明出色彩鲜艳的颜料，并用它们在纸和画布上创作了许多鲜活生动的形象。直至今日，现代画家在创作过程中依旧能从过去的艺术家那里得到启发。

动物洞窟艺术
约公元前42 000—
公元前2500年

古埃及墓穴壁画
约公元前3000—
公元前330年

古希腊壁画
约公元前2000—
公元前146年

古罗马壁画
约公元前750—
公元476年

亚洲艺术
约公元前650—
1900年

中世纪艺术
约公元500—1450年

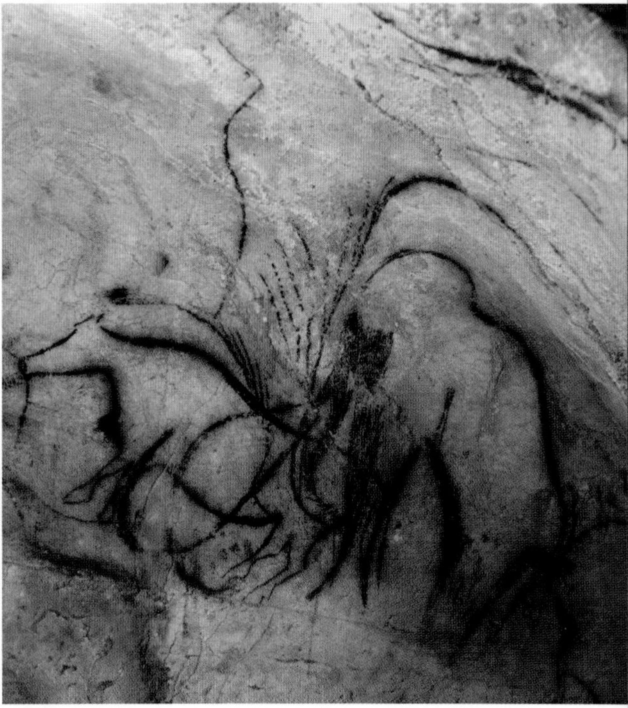

动物洞窟艺术 **约公元前42 000—公元前2500年**

石器时代的人们会在洞穴的墙壁上画狮子、公牛和犀牛等动物图案，这可能是狩猎仪式的一部分。上面这幅画着马的洞窟壁画发现于法国的肖维岩洞。

Tuesday | 09 November 2021

2021年11月9日 | 星期二

动物洞窟艺术
约公元前42 000—
公元前2500年

古埃及墓穴壁画
约公元前3000—
公元前330年

古希腊壁画
约公元前2000—
公元前146年

古罗马壁画
约公元前750—
公元476年

亚洲艺术
约公元前650—
1900年

中世纪艺术
约公元500—1450年

古埃及墓穴壁画 约公元前3000—公元前330年

在古埃及，法老和贵族陵墓的墙壁和天花板上都有绘画，画中描绘的是死者生前的日常生活或向神献祭的场景。

Wednesday | 10 November **2021**

2021年11月10日 | **星期三**

动物洞窟艺术
约公元前42 000—
公元前2500年

古埃及墓穴壁画
约公元前3000—
公元前330年

古希腊壁画
约公元前2000—
公元前146年

古罗马壁画
约公元前750—
公元476年

亚洲艺术
约公元前650—
1900年

中世纪艺术
约公元500—1450年

古希腊壁画 约公元前2000—公元前146年

考古学家在希腊克里特岛上的米诺斯王宫里发现了大量精美的壁画和陶器，上面描绘了丰富多彩的日常生活场景。古希腊的庙宇经常以雕刻了游行队伍图案的大理石中楣与有精美浮雕的圆柱来装饰。

Thursday | 11 November **2021**

2021年11月11日 | **星期四**

动物洞窟艺术
约公元前42 000—
公元前2500年

古埃及墓穴壁画
约公元前3000—
公元前330年

古希腊壁画
约公元前2000—
公元前146年

古罗马壁画
约公元前750—
公元476年

亚洲艺术
约公元前650—
1900年

中世纪艺术
约公元500—1450年

古罗马壁画 约公元前750—公元476年

古罗马人用壁画来装饰房屋。有时，在墙壁上画上这些画是为了使屋内人产生正透过窗户看着远处景色的错觉。上图为庞贝古城墙上的壁画。

Friday | 12 November **2021**

2021年11月12日 | **星期五**

动物洞窟艺术
约公元前42 000—
公元前2500年

古埃及墓穴壁画
约公元前3000—
公元前330年

古希腊壁画
约公元前2000—
公元前146年

古罗马壁画
约公元前750—
公元476年

亚洲艺术
约公元前650—
1900年

中世纪艺术
约公元500—1450年

亚洲艺术 约公元前650—1900年

两千多年来，亚洲的艺术家用石材、陶瓷、宝石和金属创造了许多精美的艺术品。上图为日本艺术家制作的日本版画——浮世绘。

Saturday | 13 November 2021

2021年11月13日 | 星期六

动物洞窟艺术
约公元前42 000—
公元前2500年

古埃及墓穴壁画
约公元前3000—
公元前330年

古希腊壁画
约公元前2000—
公元前146年

古罗马壁画
约公元前750—
公元476年

亚洲艺术
约公元前650—
1900年

中世纪艺术
约公元500—1450年

中世纪艺术 约公元500—1450年

在中世纪的欧洲，金属制品、珐琅制品、雕刻品和刺绣是很珍贵的。上图的手稿使用了明亮的颜料和金箔来装饰，显得明亮华丽。

Sunday | 14 November 2021

2021年11月14日 | 星期日

周末思维训练

相似的图案

乍一看右边的这些图案，你是否觉得它们非常相似？事实上它们之间各不相同。请你在一定时间内进行观察，并将它们区分开。注意，15个图案中有1个图案只出现了1次，其他的图案都成对出现，你能在这些成对的图案中找到这个单独的图案吗？

2021年11月14日
NOVEMBER
农 历 十 月 初 十

14

18 19 20 21 22 23 24 25 26 27 28 29 30

Monday | 15 November **2021**

2021年11月15日 | **星期一**

文艺复兴时期的杰作
约14—16世纪

历史画
约1600—1800年

印象派
约1850—1900年

后印象派
1880—1905年

现代艺术
1907年—20世纪60年代

当代艺术
20世纪70年代至今

文艺复兴时期的杰作 约14—16世纪

意大利文艺复兴时期的画家列奥纳多·达·芬奇是有史以来最具影响力的艺术家之一，他的代表作《蒙娜丽莎》是一幅栩栩如生的意大利年轻女性的肖像画。

Tuesday | 16 November **2021**

2021年11月16日 | **星期二**

文艺复兴时期的杰作
约14—16世纪

历史画
约1600—1800年

印象派
约1850—1900年

后印象派
1880—1905年

现代艺术
1907年—20世纪60年代

当代艺术
20世纪70年代至今

历史画 约1600—1800年

古希腊、古罗马的神话故事或历史传说是18世纪欧美新古典主义风格绘画的热门主题。上图作品为《沃尔夫将军之死》。

Wednesday | 17 November **2021**

2021年11月17日 | **星期三**

文艺复兴时期的杰作
约14—16世纪

历史画
约1600—1800年

印象派
约1850—1900年

后印象派
1880—1905年

现代艺术
1907年—20世纪60年代

当代艺术
20世纪70年代至今

印象派 约1850—1900年

巴黎的艺术家自发地走出画室，到户外去描绘人们日常生活的场景。他们被称为印象派画家，代表人物有莫奈、雷诺阿和德加等。上图为雷诺阿的作品《红磨坊的舞会》。

Thursday | 18 November **2021**

2021年11月18日 | **星期四**

文艺复兴时期的杰作
约14—16世纪

历史画
约1600—1800年

印象派
约1850—1900年

后印象派
1880—1905年

现代艺术
1907年—20世纪60年代

当代艺术
20世纪70年代至今

后印象派 1880—1905年

凡·高、塞尚和高更等艺术家喜欢在画作中融入自己的创作想法。他们创作时使用鲜艳大胆的色块，并将颜料涂得很厚。上图为凡·高的作品《花瓶里的紫色鸢尾花》。

Friday | 19 November **2021**

2021年11月19日 | **星期五**

文艺复兴时期的杰作
约14—16世纪

历史画
约1600—1800年

印象派
约1850—1900年

后印象派
1880—1905年

现代艺术
1907年—20世纪60年代

当代艺术
20世纪70年代至今

现代艺术 1907年—20世纪60年代

艺术家总是勇于打破传统，推陈出新。例如，著名艺术家巴勃罗·毕加索创作出棱角分明的人物形象，打破了传统绘画所遵循的色彩、形式和透视规则。许多年后，美国抽象表现主义艺术家杰克逊·波洛克，开创了一种在画布上泼洒、涂抹或滴涂颜料的全新绘画形式——行动绘画。

Saturday | 20 November **2021**

2021年11月20日 | **星期六**

文艺复兴时期的杰作
约14—16世纪

历史画
约1600—1800年

印象派
约1850—1900年

后印象派
1880—1905年

现代艺术
1907年—20世纪60年代

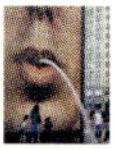

当代艺术
20世纪70年代至今

当代艺术 20世纪70年代至今

当代艺术不拘于任何表现形式。艺术家借鉴以往的绘画风格，并经常将它们重新组合形成新的想法。在当代艺术作品中，艺术可以是一个被吹散的、悬在半空中的棚屋，还可以是立于城市天际线上的孤独身影。上图为美国芝加哥千禧公园的喷泉。

Sunday | 21 November **2021**

2021年11月21日 | **星期日**

周末思维训练

花上的数字

每朵花花瓣上的4个黑色数字都可以以相加和相乘的方式得到中间的白色数字。想一想，怎么计算才能得出中间的白色数字呢？第三朵花中间的白色数字应为多少呢?

2021年11月21日
NOVEMBER
农历十月十七

21

18 19 20 21 22 23 24 25 26 27 28 29 30

Monday | 22 November **2021**

2021年11月22日 | **星期一** | 小雪

时装

时装代表人们的穿着风格和穿着方式。西方时装最重要的特点是不断变化。几百年前，时装的风格变化速度缓慢，但今天的时装的风格却发展迅速。

古罗马人
公元前2世纪

时装从这里开始
14世纪

欧洲巴洛克
15—17世纪

文艺复兴时期
16世纪晚期

绅士
19世纪50年代

维多利亚时代
19世纪50年代—20世纪初

古罗马人 公元前2世纪

大多数古罗马人穿着由羊毛和亚麻制成的简单束腰外衣和托加长袍（见上图）。服饰的颜色代表穿着者的社会地位，比如，统治阶级通常穿紫色服饰。

Tuesday | 23 November **2021**

2021年11月23日 | **星期二**

古罗马人
公元前2世纪

时装从这里开始
14世纪

欧洲巴洛克
15—17世纪

文艺复兴时期
16世纪晚期

绅士
19世纪50年代

维多利亚时代
19世纪50年代—20世纪初

时装从这里开始 14世纪

14世纪，时装界开始迅速变化，新的服装样式层出不穷。那时人们的着装必须严格遵守某些规定，但总有人能想出办法打破规定。

Wednesday | 24 November **2021**

2021年11月24日 | **星期三**

古罗马人
公元前2世纪

时装从这里开始
14世纪

欧洲巴洛克
15—17世纪

文艺复兴时期
16世纪晚期

绅士
19世纪50年代

维多利亚时代
19世纪50年代—20世纪初

欧洲巴洛克 15—17世纪

法国和英国引领时尚潮流，其他欧洲国家紧随其后。衣装比以往任何时候都更能显示财富和社会地位。富人花费大量金钱购买用丝绸和天鹅绒制作的新款时装。

Thursday | 25 November 2021

2021年11月25日 | 星期四 | 感恩节

古罗马人
公元前2世纪

时装从这里开始
14世纪

欧洲巴洛克
15—17世纪

文艺复兴时期
16世纪晚期

绅士
19世纪50年代

维多利亚时代
19世纪50年
代—20世纪初

文艺复兴时期 16世纪晚期

文艺复兴时期，衣服款式从宽松转为贴身，欧洲的男人和女人开始穿不同款式的服饰。随着富人开始周游世界，不同国家的服装风格开始相互影响。欧洲许多人开始效仿英国女王伊丽莎白一世的穿衣风格，穿有大型裙摆的裙装。

Friday | 26 November **2021**

2021年11月26日 | **星期五**

古罗马人
公元前2世纪

时装从这里开始
14世纪

欧洲巴洛克
15—17世纪

文艺复兴时期
16世纪晚期

绅士
19世纪50年代

维多利亚时代
19世纪50年代—20世纪初

绅士 19世纪50年代

这个时期的衣服变得更便宜，因为此时的衣服已经可以用机器批量生产，所以更多人可以买得起精致的衣服。对于绅士来说，每种场合都有与之相匹配的服装，帽子、尖头鞋和手杖等配饰也很重要。

Saturday | 27 November **2021**

2021年11月27日 | **星期六**

古罗马人
公元前2世纪

时装从这里开始
14世纪

欧洲巴洛克
15—17世纪

文艺复兴时期
16世纪晚期

绅士
19世纪50年代

维多利亚时代
19世纪50年代—20世纪初

维多利亚时代 19世纪50年代—20世纪初

维多利亚时代的女性开始尝试用各种穿衣技巧和配件来塑造体形。她们在裙子下穿一种膨大的衬裙，或在臀部加上叫作裙撑的垫子，使臀部看起来更宽大，也就显得腰更细了。

Sunday | 28 November **2021**

2021年11月28日 | **星期日**

周末思维训练

编三股或四股辫

你给自己或者别人编过辫子吗？如果编过，那么这是一个很好的例子——一旦自己学会了一项技能，就会永远掌握这项技能。

右边是编三股辫的方法。请用头发或绳子练习，直到你不用思考就能编出来。（如果你已经学会了编三股辫，还可以试着学习如何编四股辫哦！）

编三股辫教程

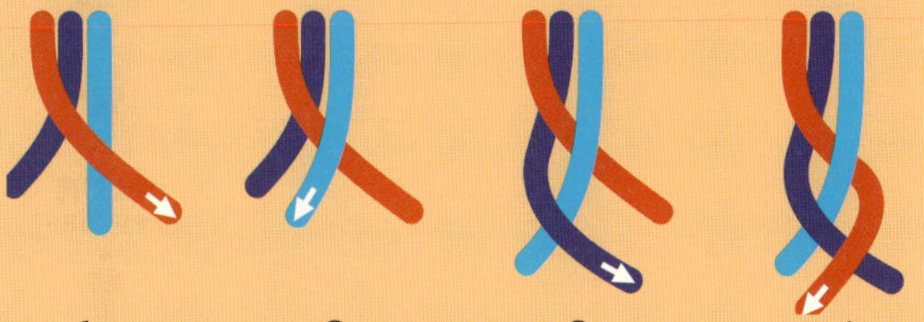

1 2 3 4

编四股辫教程

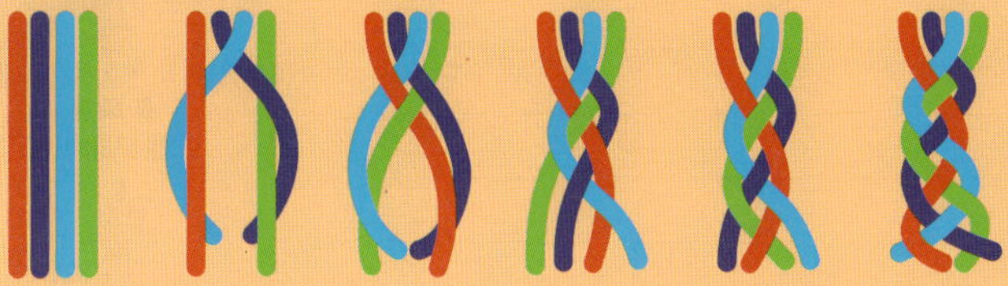

1 2 3 4 5 6

Monday | 29 November **2021**

2021年11月29日 | **星期一**

蓝色牛仔裤
1871年

爵士时代
20世纪20年代

咆哮的20年代
20世纪20年代

新风貌
20世纪50年代

年青一代
20世纪60年代

喇叭裤和高跟鞋
20世纪70年代

蓝色牛仔裤 1871年

美国的雅各布·戴维斯和李维·施特劳斯发明了世界上第一条牛仔裤。牛仔裤接缝处的金属扣件使其更结实耐用。这种裤子广受美国各地劳动者的喜爱，到20世纪中叶，它们成了世界各地的人们衣柜中必不可少的服装之一。

Tuesday | 30 November **2021**

2021年11月30日 | **星期二**

蓝色牛仔裤
1871年

爵士时代
20世纪20年代

咆哮的20年代
20世纪20年代

新风貌
20世纪50年代

年青一代
20世纪60年代

喇叭裤和高跟鞋
20世纪70年代

爵士时代 20世纪20年代

“一战”后，人们更加偏爱实用、舒适的衣服。许多被称为摩登女郎的年轻女性用剪短发和跳爵士舞的方式来表示自己打破了旧思想。

Wednesday | 01 December **2021**

2021年12月1日 | **星期三**

蓝色牛仔裤
1871年

爵士时代
20世纪20年代

咆哮的20年代
20世纪20年代

新风貌
20世纪50年代

年青一代
20世纪60年代

喇叭裤和高跟鞋
20世纪70年代

咆哮的20年代 20世纪20年代

运动成为生活的新趋势。男人为了骑自行车、打高尔夫球、打网球、跑步和跳舞，穿衣风格更休闲。一种叫作高尔夫球裤的裤子（见上图）开始流行起来。

Thursday | 02 December **2021**

2021年12月2日 | **星期四**

蓝色牛仔裤
1871年

爵士时代
20世纪20年代

咆哮的20年代
20世纪20年代

新风貌
20世纪50年代

年青一代
20世纪60年代

喇叭裤和高跟鞋
20世纪70年代

新风貌 20世纪50年代

法国设计师克里斯汀·迪奥在20世纪50年代创造出著名的“新风貌”女装样式。这种时装凸显女性美，强调女性腰线。此时的女性穿蓬蓬裙，戴珍珠项链和耳环，出门时大都要戴着帽子和手套。

Friday | 03 December **2021**

2021年12月3日 | **星期五**

蓝色牛仔裤
1871年

爵士时代
20世纪20年代

咆哮的20年代
20世纪20年代

新风貌
20世纪50年代

年青一代
20世纪60年代

喇叭裤和高跟鞋
20世纪70年代

年青一代 20世纪60年代

这一时期的青少年可以用自己的收入来满足消费需求了，他们颠覆了上一代的穿衣风格。年轻的设计师引领了新时代潮流，例如，英国服装设计师玛丽·奎恩特于1965年设计出轰动一时的迷你裙。

Saturday | 04 December **2021**

2021年12月4日 | **星期六**

蓝色牛仔裤
1871年

爵士时代
20世纪20年代

咆哮的20年代
20世纪20年代

新风貌
20世纪50年代

年青一代
20世纪60年代

喇叭裤和高跟鞋
20世纪70年代

喇叭裤和高跟鞋 20世纪70年代

男人开始尝试新的时尚风格，他们留着又长又蓬松的头发，穿着印有五颜六色图案的衣服，并搭配喇叭裤和厚底高跟鞋。这样的穿搭可能让他们心情更愉悦。

Sunday | 05 December **2021**

2021年12月5日 | **星期日**

周末思维训练

握手

3个人聚会，如果每个人都与另外两人分别握一次手，那么3人总共握了多少次手？请用点表示人，用线表示握手，画出3人的握手流程图。根据这个方法再分别计算出4人、5人和6人握手的总次数。最后观察一下结果，你能找出其中的规律吗？

2021年12月5日
DECEMBER
农历十一月初二

05

19 20 21 22 23 24 25 26 27 28 29 30 31

Monday | 06 December **2021**

2021年12月6日 | **星期一**

音乐

世界各地的音乐种类繁多。欧洲音乐在中世纪发展起来，但其他地区的传统音乐可以追溯到更早的年代。所有形式的音乐都可以用来表达情感或纪念重大事件。最重要的是，音乐作为一种娱乐方式，是人们快乐的源泉。

印度拉格
约公元前800年

日本雅乐
公元600年

中国戏曲
公元730年

约翰·塞巴斯蒂安·巴赫
1685—1750年

爵士时代
20世纪20—30年代

碧昂丝
2016年

印度拉格 约公元前800年

拉格是印度古典音乐中的旋律体系，有关拉格的最早文字记载出现在《奥义书》中。上图为辩才天女演奏维纳琴的场景。

Tuesday | 07 December **2021**

2021年12月7日 | **星期二** | 大雪

印度拉格
约公元前800年

日本雅乐
公元600年

中国戏曲
公元730年

约翰·塞巴斯蒂安·巴赫
1685—1750年

爵士时代
20世纪20—30年代

碧昂丝
2016年

日本雅乐 公元600年

古代日本官员曾前往中国学习中国文化。后来，日本人将中国的宫廷音乐与亚洲其他国家的音乐风格相融合，创造出日本本土的古典管弦乐——雅乐。

Wednesday | 08 December **2021**

2021年12月8日 | **星期三**

印度拉格
约公元前800年

日本雅乐
公元600年

中国戏曲
公元730年

约翰·塞巴斯蒂安·巴赫
1685—1750年

爵士时代
20世纪20—30年代

碧昂丝
2016年

中国戏曲 **公元730年**

唐玄宗李隆基创建了中国古代的第一个戏曲学校，称之为梨园。时至今日，戏曲表演者仍被称为“梨园子弟”。

Thursday | 09 December **2021**

2021年12月9日 | **星期四**

印度拉格
约公元前800年

日本雅乐
公元600年

中国戏曲
公元730年

约翰·塞巴斯
蒂安·巴赫
1685—1750年

爵士时代
20世纪20—
30年代

碧昂丝
2016年

约翰·塞巴斯蒂安·巴赫 1685—1750年

德国作曲家约翰·塞巴斯蒂安·巴赫是巴洛克时期最伟大的作曲家之一。这一时期的音乐充满戏剧性和张力。巴赫是公认的对位法大师，他擅长将不同的旋律结合在一起。

Friday | 10 December **2021**

2021年12月10日 | **星期五**

印度拉格
约公元前800年

日本雅乐
公元600年

中国戏曲
公元730年

约翰·塞巴斯蒂安·巴赫
1685—1750年

爵士时代
20世纪20—30年代

碧昂丝
2016年

爵士时代 20世纪20—30年代

美国开始流行新的音乐风格——爵士乐。它融合了非洲和欧洲的音乐风格，以即兴表演为特色，表演者以各自独特的方式来演奏音乐。

Saturday | 11 December **2021**

2021年12月11日 | **星期六**

印度拉格
约公元前800年

日本雅乐
公元600年

中国戏曲
公元730年

约翰·塞巴斯蒂安·巴赫
1685—1750年

爵士时代
20世纪20—30年代

碧昂丝
2016年

碧昂丝 2016年

流行歌手碧昂丝是迄今为止最受欢迎的非裔女歌手之一。她的专辑《LEMONADE》涵盖了多种音乐风格，如雷鬼、嘻哈和放克。她本人及这张专辑获得过多个音乐奖项。

Sunday | 12 December **2021**

2021年12月12日 | **星期日**

周末思维训练

上和下

右图中的三维立方体迷宫在现实生活中并不存在，因为人无法在垂直于地面的墙壁上行走，但我们可以利用空间想象力走出三维迷宫。右图中的三维迷宫中布满了各种各样的道路交叉口，很难弄清楚方向，所以一定要留意方向。你必须不断尝试才能走出这个迷宫，快来挑战吧！

2021年12月12日
DECEMBER
农历十一月初九

12

19 20 21 22 23 24 25 26 27 28 29 30 31

Monday | 13 December **2021**

2021年12月13日 | **星期一**

舞蹈

自人类诞生之初，我们的祖先就对舞蹈充满渴望。最初人们为了祭祀、庆祝或娱乐而跳舞。几个世纪以来，多种舞蹈风格逐一形成，它们都是由传统舞步演变而来的。有些舞蹈需要经过长期训练，如芭蕾舞。

印度舞蹈
约公元前200年

弗拉门戈舞
约1775年

华尔兹
约1800年

古典芭蕾
1895年

探戈
1913年

霹雳舞
1972年

印度舞蹈 约公元前200年

在印度神话中，舞蹈是梵天赐予人类的礼物。婆罗多的著作《乐舞论》系统地阐述了印度的戏剧、音乐和舞蹈理论。

Tuesday | 14 December **2021**

2021年12月14日 | **星期二**

印度舞蹈
约公元前200年

弗拉门戈舞
约1775年

华尔兹
约1800年

古典芭蕾
1895年

探戈
1913年

霹雳舞
1972年

弗拉门戈舞 约1775年

弗拉门戈舞是西班牙南部安达卢西亚地区的传统舞蹈。除了舞蹈动作，这种舞蹈形式还包括歌唱和吉他伴奏。关于这种舞蹈最早的文字记录可追溯到1775年，但其起源时间可能比这更早。

Wednesday | 15 December **2021**

2021年12月15日 | **星期三**

印度舞蹈
约公元前200年

弗拉门戈舞
约1775年

华尔兹
约1800年

古典芭蕾
1895年

探戈
1913年

霹雳舞
1972年

华尔兹 约1800年

华尔兹起源于奥地利维也纳，后来迅速在欧洲流行起来。但这种舞蹈在当时引起了巨大的争议，因为两位异性舞者不仅需要面对面跳舞，而且舞蹈动作中还有亲密的肢体接触。

Thursday | 16 December **2021**

2021年12月16日 | **星期四**

印度舞蹈
约公元前200年

弗拉门戈舞
约1775年

华尔兹
约1800年

古典芭蕾
1895年

探戈
1913年

霹雳舞
1972年

古典芭蕾 1895年

古典芭蕾之父马里乌斯·佩提帕在圣彼得堡的马林斯基剧院成功推出了芭蕾舞剧《天鹅湖》。剧中融合了典型的古典芭蕾元素，如鹤立式舞姿、高抬腿和足尖踮立。

Friday | 17 December **2021**

2021年12月17日 | **星期五**

印度舞蹈
约公元前200年

弗拉门戈舞
约1775年

华尔兹
约1800年

古典芭蕾
1895年

探戈
1913年

霹雳舞
1972年

探戈 1913年

探戈是起源于阿根廷或乌拉圭的传统双人舞。世界各地都有探戈爱好者。探戈和其他很多舞种一样，也融合了非洲和欧洲的舞蹈风格。

Saturday | 18 December **2021**

2021年12月18日 | **星期六**

印度舞蹈
约公元前200年

弗拉门戈舞
约1775年

华尔兹
约1800年

古典芭蕾
1895年

探戈
1913年

霹雳舞
1972年

霹雳舞 1972年

这一时期，年轻的非裔美国人和拉丁美洲人在纽约街头创造出一种新的舞蹈形式，称为霹雳舞。他们在嘻哈音乐中即兴创作复杂的舞蹈动作，将大胆的跳跃与花哨的步法相结合。

Sunday | 19 December **2021**

2021年12月19日 | **星期日**

周末思维训练

电灯开关

右图有3个电灯开关，分别控制着楼上的3盏灯，但你不知道具体哪个开关控制哪盏灯。已知现在的3个开关都关闭了，楼上的3盏灯也都是熄灭的。你只有一次上楼查看的机会，然后需要回答出每个开关控制的具体是哪盏灯。思考一下，怎样才能做到呢？（本题答案不唯一，大家可以多动动脑筋呦！）

2021年12月19日
D E C E M B E R
农历十一月十六

19

19 20 21 22 23 24 25 26 27 28 29 30 31

Monday | 20 December **2021**

2021年12月20日 | **星期一**

古代游戏

古往今来，人们都热衷于聚在一起玩游戏。如今，这些深受喜爱的古老游戏仍能给我们带来快乐。

塞尼特棋
公元前3100年

印度十字戏
公元前500年

国际象棋
约公元600年

纸牌
公元9世纪

蛇梯棋
约13世纪

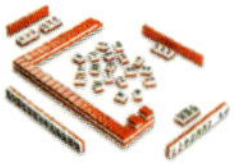

麻将
约1850年

塞尼特棋 公元前3100年

棋盘游戏在古埃及很受欢迎，一些皇室成员甚至把它当作陪葬品。当时最受欢迎的是一种根据特定规则在30格棋盘上移动棋子的棋盘游戏——塞尼特棋。

Tuesday | 21 December **2021**

2021年12月21日 | **星期二** | 冬至

塞尼特棋
公元前3100年

印度十字戏
公元前500年

国际象棋
约公元600年

纸牌
公元9世纪

蛇梯棋
约13世纪

麻将
约1850年

印度十字戏 公元前500年

印度十字戏在一个十字形棋盘上进行，玩家通过投掷6或7枚贝壳来决定棋子移动的步数。

Wednesday | 22 December **2021**

2021年12月22日 | **星期三**

塞尼特棋
公元前3100年

印度十字戏
公元前500年

国际象棋
约公元600年

纸牌
公元9世纪

蛇梯棋
约13世纪

麻将
约1850年

国际象棋 约公元600年

国际象棋是一种需要技巧和策略的游戏，最早出现在印度北部或中亚地区。随着从印度到波斯的贸易路线的扩张，这种游戏于1000年传入欧洲。

Thursday | 23 December **2021**

2021年12月23日 | **星期四**

塞尼特棋
公元前3100年

印度十字戏
公元前500年

国际象棋
约公元600年

纸牌
公元9世纪

蛇梯棋
约13世纪

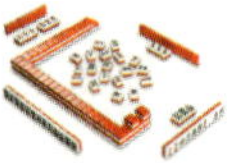
麻将
约1850年

纸牌 公元9世纪

古代中国人发明了最早的纸牌。在传入欧洲后，纸牌上新增了杯子、金币、剑和马球棍等图案。大约在1480年，现在人们所熟悉的红心、方块、黑桃和梅花图案成为纸牌的标准花色。

Friday | 24 December **2021**

2021年12月24日 | **星期五** | 平安夜

塞尼特棋
公元前3100年

印度十字戏
公元前500年

国际象棋
约公元600年

纸牌
公元9世纪

蛇梯棋
约13世纪

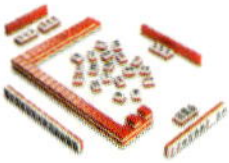

麻将
约1850年

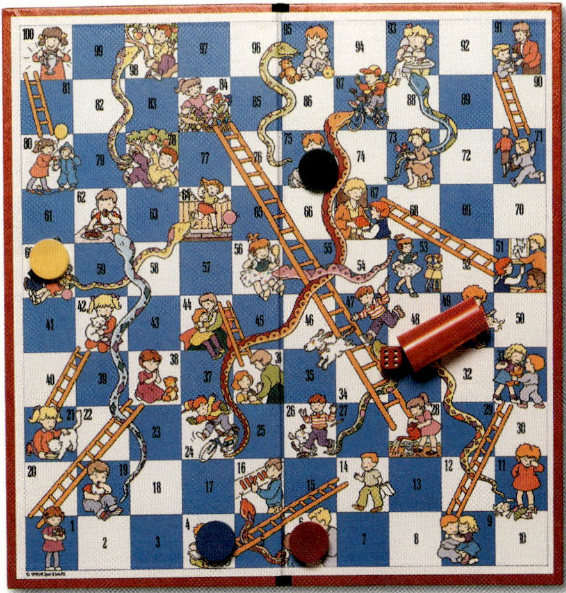

蛇梯棋 约13世纪

蛇梯棋最开始叫作“Mokshapat”，它的现代版本是由英国人R.H.哈特发明的。游戏参与者轮流掷骰子，按点数移动。如果遇上梯子可以爬到梯子另一端，而遇上蛇头，意味着遭遇蛇吻，需要退回蛇尾一格。

Saturday | 25 December **2021**

2021年12月25日 | **星期六** | 圣诞节

塞尼特棋
公元前3100年

印度十字戏
公元前500年

国际象棋
约公元600年

纸牌
公元9世纪

蛇梯棋
约13世纪

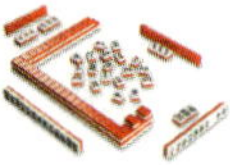

麻将
约1850年

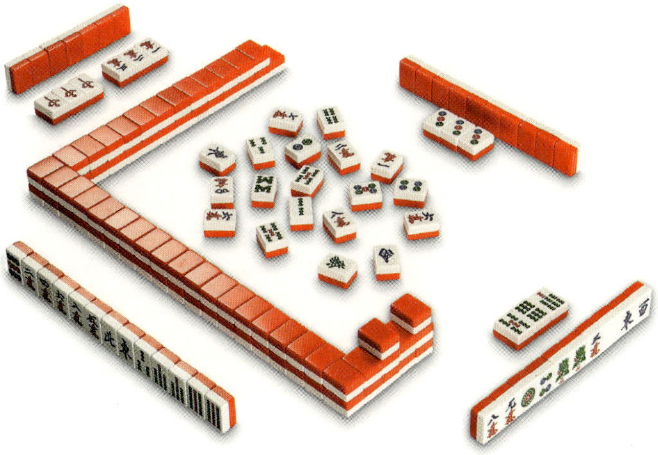

麻将 约1850年

麻将起源于中国，如今已流行于全世界的华人文化圈。麻将牌一般由竹子、骨头或塑料制成，表面刻有花纹或字样。

Sunday | 26 December 2021

2021年12月26日 | 星期日

周末思维训练

连点挑战

一笔画问题：你能用一笔画出4条相连的线段连接右图中所有的红点吗？在思考这个问题时，你需要跳出思维的框框。

2021年12月26日

DECEMBER

农历十一月廿三

26

19 20 21 22 23 24 25 26 27 28 29 30 31

Monday | 27 December **2021**

2021年12月27日 | **星期一**

计量时间

过去，人们通过测量太阳在天空中的高度、查看水钟内的刻度或判断蜡烛燃烧的长度来推算时间。大约在700年前，随着机械钟的发明，计时变得更加精确。现在时间的计量已经精确到秒，而且我们可以通过计算机和手机自带的数字时钟迅速读取时间。

水钟
约公元前
1500年

蜡烛钟
公元500—
1000年

天文钟
1094年

机械钟
约1300—
1350年

原子钟
20世纪50年代

水钟 约公元前1500年

古埃及人最早使用水钟计时。随着水从圆锥形容器底部的小孔中不断渗出，容器内的水位逐渐下降，标记便会露出水面，从而显示过了多长时间。同一时期，古埃及人也开始使用日晷来计量时间了。

Tuesday | 28 December **2021**

2021年12月28日 | **星期二**

水钟
约公元前
1500年

蜡烛钟
公元500—
1000年

天文钟
1094年

机械钟
约1300—
1350年

原子钟
20世纪50年代

蜡烛钟 公元500—1000年

在亚洲和欧洲，古人都曾借助缓慢燃烧的蜡烛来计时。蜡烛以恒定的速度燃烧，烛身上均匀的刻度线能提示时间。

Wednesday | 29 December **2021**

2021年12月29日 | **星期三**

水钟
约公元前
1500年

蜡烛钟
公元500—
1000年

天文钟
1094年

机械钟
约1300—
1350年

原子钟
20世纪50年代

天文钟 1094年

北宋时期苏颂、韩公廉等人建造了一座约12米高的水运仪象台。它运用一系列巧妙的齿轮运行，不仅可以记录时间和日期，还可以观测并记录太阳、月亮和星星的运动轨迹。

Thursday | 30 December **2021**

2021年12月30日 | **星期四**

水钟
约公元前
1500年

蜡烛钟
公元500—
1000年

天文钟
1094年

机械钟
约1300—
1350年

原子钟
20世纪50年代

机械钟 约1300—1350年

最早的一批机械钟出现在欧洲的教堂中。它们依靠链条上的重物提供动力，重物缓慢拉动链条，并带动时钟的齿轮转动。

Friday | 31 December **2021**

2021年12月31日 | **星期五**

水钟
约公元前
1500年

蜡烛钟
公元500—
1000年

天文钟
1094年

机械钟
约1300—
1350年

原子钟
20世纪50年代

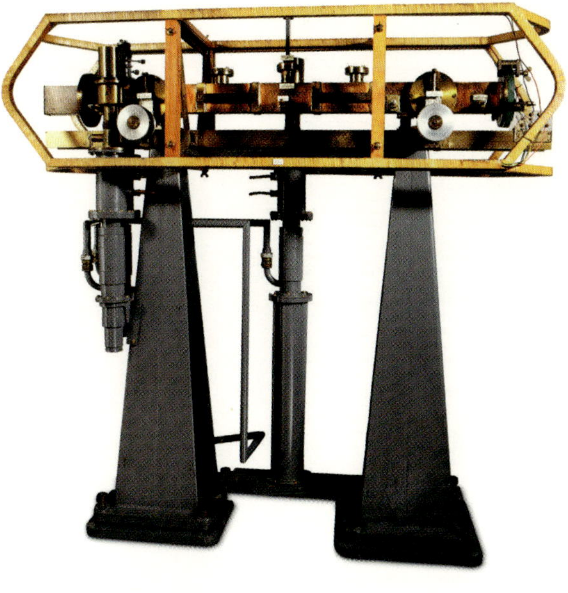

原子钟 20世纪50年代

原子钟利用原子吸收或释放能量时发出的电磁波来计时，这种钟的精度非常高，运行2000万年可能才会有1秒误差。

致谢

本书出版商诚挚感谢以下人士提供图片使用权：

(Key: a-above; b-below/bottom; c-centre; f-far; l-left; r-right; t-top)

INTRODUCTION: Dreamstime网站: Monica Furlong(Taj Mahal); Dreamstime网站: Maxwell De Araujo Rodrigues/Maxsp(Eiffel tower in 3D).

JANUARY: Dorling Kindersley: Durham University Oriental Museum (25 – 30/cuneiform inscription); Oxford Museum of Natural History (18 – 23/skull); Natural History Museum, London (18 – 23/barbed spear, 4 – 9/cooksonia, 18 – 23/spear); James Kuether (4 – 9/Plateosaurus); Hunterian Museum University of Glasgow (18 – 23/Homo habilis); University of Pennsylvania Museum of Archaeology and Anthropology (25 – 30/figure, Ur); Science Museum, London (bc/half title); Maidstone Museum and Bentliff Art Gallery (bl/half title). Dreamstime网站: Fifoprod (17 / frog); Le Thuy Do (17 /bee); Vladvitek (17 /fly); Brent Hathaway (17 /butterfly). Fotolia: Beboy (1-2/ volcano); Eric Isselee (17 /fawn). Getty Images / iStock: Salinger (17/bird). Wikipedia: (br/half title). FEBRUARY: 123RF网站: MidoSemsem (8 – 13 /Alexander the Great). Dorling Kindersley: Durham University Oriental Museum (1 – 6/coin); Wellcome Institute / Science Museum, London (1 – 6/ slab); University of Pennsylvania Museum of Archaeology and Anthropology (1 – 6/collar, statue, 22 – 27/mask, Aztec figure); Hellenic Maritime Museum (8 – 13/trireme); University of Aberdeen (15 – 20/coin, 22 – 27/Toltec figure). Dreamstime网站: AWesleyFloyd (21); Denis Kelly (8 – 13/Minoans). Getty Images: Kitti Boonnitrod (1 – 6/pyramid); Jason's Travel Photography / Flickr (22 – 27/temple). Getty Images / iStock: powerofforever (22 – 27/Machu Picchu). MARCH: Alamy Stock Photo: Dinodia Photos (1 – 6 /Babur); Granger Historical Picture Archive (8 – 13/ship). Dorling Kindersley: Durham University Oriental Museum (8 – 13/shogun, Edo, 15 – 20/Shang, Zhou, Tang, Song, Ming); Jonathan Sneath (14); Maidstone Museum and Bentliff Art Gallery (8 – 13/armour). Dreamstime网站: Dennis Dolkens (29 – 31/Brick Castle); William Perry (21); Roberto Giovannini (28); Monica Furlong (1 – 6/ Taj Mahal); Jorisvo (22 – 27/Bayeux tapestry); Sergeychernov (29 – 31/hill forts). APRIL: 123RF网站: Patryk Kośmider (5 – 10/Copernicus). Alamy Stock Photo: D. Hurst (26 – 30/American Revolution). Dorling Kindersley: Maidstone Museum and Bentliff Art Gallery (19 – 24/Davy Lamp, 26 – 30/helmet); Vikings of Middle England (12 – 17/Vinland); Science Museum, London (19 – 24/Watt Steam Engine); Whipple Museum of History of Science, Cambridge (19 – 24/Volta's Battery). Dennis Dolkens (1 – 3/ Brick Castle); Sergeychernov (1 – 3/hill forts); Yuriy Chaban (5 – 10/printing press); Susico (5 – 10/David); Graham White (19 – 24/factory towns); Ks2008q (26 – 30/Latin-American Revolutions). Getty Images / iStock: bdsklo (12 – 17/Christopher Columbus); MariusLtu (18); borchee (5 – 10/Florence). MAY: 123RF网站: Ivan Aleshin (21 – 26/Ghandi); Georgios Kollidas (17 – 22/Saladin); Mark Green (17 – 22/Pachacuti); zhou shihua (10 – 15/crossbow). Alamy Stock Photo: D. Hurst (1/American Revolution). Dorling Kindersley: Collection of Jean-Pierre Verney (3 – 8/war erupts); Maidstone Museum and Bentliff Art Gallery (1/helmet); Imperial War Museum, London (3 – 8/Battle of Tannenburg); Ermine Street Guard (10 – 15/Ancient Romans); Vikings of Middle England (10 – 15/Vikings); Royal Airforce Museum, Hendon, London (10 – 15/aeroplane); RAF Museum, Cosford (10 – 15/rocket); University of Pennsylvania Museum of Archaeology and Anthropology (17 – 22/Ramses II). Dreamstime网站: Demerzel21 (22 – 27/Kwame Nkrumah); Ks2008q (1/Latin-American Revolutions); Petro Perutskyy (17 – 22/Cleopatra); Ivan Vander Biesen (17 – 22/Napoleon). Library of Congress, Washington, D.C.: LC-DIG-ggbain-12111 (24 – 29/Emmeline Pankhurst); LC-USZ62-126559 (24 – 29/Martin Luther King); LC-DIG-ppmsca-68764 (24 – 29/Mandela). The Metropolitan Museum of Art, New York: Funds from various donors, 2013 (24 – 29/Abraham Lincoln); Gift of the Humanities Fund Incorporated, 1972 (17 – 22/Catherine the Great). NASA: (31/Explorer 1, Gagarin, Mariner 4, Neil Armstrong). JUNE: Alamy Stock Photo: Ian Paterson (27). Dorling Kindersley: Durham University Oriental Museum (28 – 30/ pottery); Natural History Museum, London (28 – 30/handaxe); Museum of London (28 – 30/spear); Maidstone Museum and Bentliff Art Gallery (28 – 30/setting sail); Museum of English Rural Life, The University of Reading (28 – 30/plough); Science Museum, London (28-30/ wheel). Dreamstime网站: Skypixel (13). ESO: (14-19/Halley Comet). Library of Congress, Washington, D.C.: LC-USZ62-95174 (14 – 19/Aristarchus's Calculations); LC-USZ62-103175 (21-26/Galileo). NASA: (1 – 5/Explorer 1, Gagarin, Mariner 4, Neil Armstrong, 7 – 12/Skylab, Mir, Hubble, International Space Station); JPL-Caltech (7 – 12/Voyager 1); JPL (7 – 12/Dawn); JPL-Caltech / UCLA / MPS / DLR / IDA (21 – 26/Ceres); ESA SOHO team (21 – 26/sunspots); JHUAPL / SwRI (21 – 26/Pluto). JULY: Edward H. Adelson: (4). Dorling Kindersley: Natural History Museum, London (1 – 3/handaxe); Museum of London (1 – 3/spear); Durham University Oriental Museum (1 – 3/pottery); Maidstone Museum and Bentliff Art Gallery (1 – 3/setting sail); Museum of English Rural Life, The University of Reading (1 – 3/plough); Science Museum, London (1 – 7/wheel, 5 – 10/gunpowder, eye glasses, microscope, steam engine, 12 – 17/lamp, 26 – 31/Pascaline, Babbage's Difference Engine, vacuum tube); Whipple Museum of History of Science, Cambridge (5 – 10/sextant). Dreamstime网站: Scanrail (19-24/ 3-D printing); Yewkeo (19 – 24/world wide web). Fotolia: Alexandr Mitiuc (26 – 31/microchip). Library of Congress, Washington, D.C.: LC-USZ62-115982 (26 – 31/Herman Hollerith). AUGUST: Alamy Stock Photo: Anton Gvozdikov (2 – 7/Sophia). Courtesy of Boston Dynamics: (2 – 7/Atlas). Dorling Kindersley: Robert Crawford (30 – 31/Hornsby-Ackroyd Tractor); Natural History Museum, London (8); Matthew Ward (9 – 14/Citroën, 16 – 21/Lamborghini); Brian Smart (16 – 21/Aston Martin); Motorcycle Heritage Museum, Westerville, Ohio (23 – 28/Daimler Reltwagen); National Motorcycle Museum (23 – 28/NLG Peugeot); National Motor Museum, Beaulieu (23 – 28/Honda CB750); James Mann / Ian Bull (23 – 28/ Triumph Thunderbird); Daniel Ward (30 – 31/McDonald Imperial). Getty Images: Ralph Crane / The LIFE Picture Collection (2 – 7/Shakey); Yamaguchi Haruyoshi / Corbis (2 – 7/ASIMO). Wikipedia: (2 – 7/Elektro and Sparko). SEPTEMBER: Dorling Kindersley: Brooklands Museum (20 – 25/Concorde); Happy Old Iron, Marc Geerkens (1 – 6/Pavesi America); Paul Rackham (1 – 6/Fordson Model F); Roger and Fran Desborough (1 – 6/Caterpillar 60); Richard Mason (1 – 6/Doe Triple-D); Science Museum, London (6 – 11/locomotive); National Railway Museum, York (6 – 11/Steam Demon); Royal Airforce Museum, London (13 – 18/Atlantic Crossing); Roy Palmer (13 – 18/Gipsy Moth); City of Norwich Aviation Museum (13 – 18/Gloster Meteor); Flugausstellung (20 – 25/De Havilland, DH106 Comet); London Transport Museum (27 – 30/London Underground). Dreamstime网站: Ivan Cholakov (20 – 25/Antonov An-225); Mamahoohooba (6 – 11/Maglev); Darkmonk (20 – 25/Airbus A380); Sborisov (27 – 30/Pantheon); Maxwell De Araujo Rodrigues (27 – 30/Eiffel Tower); Superjoseph (27 – 30/Hoover Dam); Konstantin Stepanenko (27 – 30/Palm Jumeirah). Library of Congress, Washington, D.C.: LC-USZ62-20901 (13 – 18/Amelia Earhart). NASA: (20 – 25/Lockheed SR-71 Blackbird); U.S. Air Force (20 – 25/X-15). OCTOBER: 123RF网站: Jozef Polc (10). Dorling Kindersley: London Transport Museum (1 – 2/London Underground). Dreamstime网站: Ivan Bastien (4 – 9/ Parthenon); Sergey Kichigin (24/r); Rita Jayaraman (24/l); Sborisov (1 – 2/Pantheon); Maxwell De Araujo Rodrigues (1 – 2/Eiffel Tower); Superjoseph (1 – 2/Hoover Dam); Konstantin Stepanenko (1 – 2/Palm Jumeirah); Sergii Figurnyi (4 – 9/Pyramid and Sphinx); Yykkaa (11 – 16/Burj Khalifa). Getty Images / iStock: namussi (4 – 9/Angkor Wat); ventdusud (4 – 9/Colosseum). NOVEMBER: Alamy Stock Photo: World History Archive (15 – 20/History painting). Dorling Kindersley: Durham University Oriental Museum (8 – 13/Eastern Art); Faversham Town Council (8-13/Medieval Art); University of Pennsylvania Museum of Archaeology and Anthropology (1 – 6/papyrus, 8 – 13/tomb painting); National Museum of Wales (8 – 13/cave art); Musée du Louvre, Paris (15 – 20/Mona Lisa). Dreamstime网站: Gianluigibec (8 – 13/Roman wall paintings); Rolffimages (15 – 20/Modern Art); Thomas Jurkowski (8 – 13/Ancient Greek frescoes). The Metropolitan Museum of Art, New York: Gift of Adele R. Levy, 1958 (15 – 20/Irises by Vincent van Gogh). DECEMBER: Alamy Stock Photo: A.F. Archive (6 – 11/jazz); Dinodia Photos (6 – 11/Indian Ragas); Sputnik (6 – 11/Beyoncé); Neil Setchfield (27 – 31/mechanical clock); Volodymyr Melnyk (13 – 18/tango). Dreamstime网站: Afxhome (13 – 18/ flamenco); Jackq (13 – 18/classical ballet). Getty Images: Fine Art Images / Heritage Images (6 – 11/ Bach); Hiroyuki Ito / Hulton Archive (6 – 11/Japanese Court Music); Michel Porro / Hulton Archive (6 – 11/Chinese Opera); Science & Society Picture Library (27 – 31/astronomical clock, atomic clock).

Cover images: Front: Dorling Kindersley: University of Pennsylvania Museum of Archaeology and Anthropology bl; Dreamstime网站: Afxhome cr; Back: Dorling Kindersley: Maidstone Museum and Bentliff Art Gallery tl/ (armour), clb, Royal Airforce Museum, Hendon, London tl/ (aircraft); Dreamstime网站: Afxhome cla; Spine: Dorling Kindersley: University of Pennsylvania Museum of Archaeology and Anthropology.

本书由DK公司为中国读者倾力设计。